Karl-Heinz Heihse

Protestwähler und die AfD

Gründe • Zusammenhänge • Maßnahmen

1. Auflage Januar 2017
Copyright © 2017 by Karl-Heinz Heihse
Berlin

Weitere Informationen: www.allerbesteseite.de
Bei Facebook: http://goodurl.de/fb-heihse

Das hier Geschriebene stellt die Meinung des Autoren dar und erhebt an keiner Stelle den Anspruch einer wissenschaftlichen Analyse zu entstammen.

Herstellung und Verlag:
BoD - Books on Demand, Norderstedt
ISBN 978-3-7431-6718-6

Wenn eine freie Gesellschaft den Vielen, die arm
sind, nicht helfen kann, kann sie auch die
wenigen nicht retten, die reich sind.

John F. Kennedy

Inhaltsverzeichnis

Vorwort 9

Situation in Deutschland und international

Frühere Protestparteien 12
Rechtspopulismus international 18
Wählerwanderung 23
Pressefundstücke 29

Gründe für die Unzufriedenheit

Schere Arm-Reich 32
Deutschland Ost und West 38
Zukunftsängste 44
Das unbegreifliche System der EU 49
Globalisierung 57
Internationale Großkonzerne 64
Fehlende Konturen in der Politik 77
Karrierepolitiker 84
Machtlose Gewerkschaften 94
Bürokratie 102
Lobbyismus 108
Spekulanten 112
Bestechlichkeit 116
Dem Land geht es gut? 121
Andere positive Meldungen 127

Methoden der AfD

Die AfD-Methode	132
Die Vernetzung	137
Immer neue Forderungen	146
Aufruf zu Aktionen	149
Verschwörungstheorien	154

Die aktuelle Situation

Lügenpresse	159
Ausländerfeindlichkeit	164
Es werden immer mehr	170
Was wäre wenn?	174
Noch weiter rechts	181
Linkes Klientel	183
Blick ins Parteiprogramm	188

Was ist zu tun?

Der falsche Weg gegen die AfD	193
Was die Politik tun kann	196
Was die Medien tun können	204
Was kann die Bevölkerung tun?	212
Mit den Protestwählern reden	219
Was Protestwähler tun können	227

Resümee

Resümee	231

Vorwort

In den USA wurde Donald Trump zum Präsidenten gewählt. Eine Mehrheit in Großbritannien hat sich für den Brexit ausgesprochen, also dafür, aus der EU auszutreten. In Österreich schien es möglich, dass ein FPÖ-Kandidat Präsident wird. In Polen und Ungarn gibt es rechtsnational ausgerichtete Regierungen. Und auch in Dänemark, Frankreich, der Schweiz, in den Niederlanden und weiteren Ländern gibt es starke, rechtspopulistische Parteien. Selbst wenn Trump verloren hätte und in Großbritannien der Entscheid zum Verbleib in der EU anders ausgefallen wäre, bliebe immer noch festzuhalten, dass rund die Hälfte der Wähler populistische Bewegungen wählen.

Diese Liste mit deutlich rechten Erfolgen in den Ländern der westlichen Welt ließe sich noch eine Weile fortsetzen. Aber gemeinsam ist, dass die Parteien und Bewegungen sämtlich deutlich rechts und teilweise national ausgerichtet sind, ihre Wählerschaft aber auch zu einem großen Teil aus Protestwählern besteht. Es scheint in diesen marktwirtschaftlich ausgerichteten Ländern also eine große Unzufriedenheit zu herrschen.

Um diese unzufriedenen Menschen soll es in diesem Buch gehen. Dabei soll speziell auf die Situation in Deutschland eingegangen werden. Auch hier hat sich eine solche rechtspopulistische Partei etabliert. Die AfD ist noch nicht so groß wie es die

Parteien in den anderen genannten Ländern inzwischen sind, noch wählen 85 Prozent der Wähler in unserem Land anders. Doch wer die Situation genau betrachtet, wird sehen, dass die AfD bei künftigen Wahlen eher dazugewinnen denn an Stimmen verlieren wird.

Noch scheint es also möglich, dass man diesem Trend entgegenwirken kann. Dazu ist es erforderlich, zu verstehen, warum so viele Menschen zu Protestwählern wurden und wie es der AfD gelingen konnte, diese hinter sich zu binden.

Dazu werden wir uns in diesem Buch anschauen, wie es dazu kommen konnte, dass es so viele unzufriedene Menschen gibt. Danach werden wir die Frage beantworten, wie es eine neue und manchmal auch zerstrittene Partei wie die AfD schaffen konnte, viele dieser Menschen hinter sich zu sammeln. Und schließlich wird versucht werden, die Frage zu beantworten, wie man es schaffen kann, die Wähler wieder zu den etablierten Parteien oder zu anderen nicht radikalen Wegen zurückzubringen kann und ob dies überhaupt möglich ist. Wir werden dabei viele Fehler sehen, die von den alten Parteien gemacht wurden, wenn es darum geht, die Wähler zurückzugewinnen. Und wir werden erkennen, dass es das Wichtigste ist, den Unzufriedenen zu helfen.

Dieses Buch wird die relevanten Fakten und Einschätzungen dazu liefern. Es ist so aufgebaut, dass sich die Kapitel einzeln lesen lassen, ohne dass dabei etwas unverständlich bleibt. Dennoch empfiehlt sich das Lesen in der Reihenfolge der Kapitel.

Frühere Protestparteien

Die AfD ist nicht die erste Partei, die es geschafft hat, unzufriedene Menschen hinter sich zu einen, so dass diese ihren Protest durch Wahl der Partei auch an der Wahlurne äußern. Es ist auch nicht die erste solche Partei, die es bei Wahlen zu zweistelligen Ergebnissen gebracht hat.

Nach der Wiedervereinigung gab es bereits einige Parteien, die als solche aufgeführt werden können. Die meisten von ihnen sind, wie die AfD dem rechten Lager zuzuordnen, häufig sogar sehr weit rechts. Gemeinsam ist wohl all diesen Parteien, dass sie sich anfangs als Vereinigung von Menschen mit anderen Ideen verstanden und meist in der Anfangszeit erst einmal klein blieben. Sie verstanden sich selbst also oft nicht selbst als Protestpartei, sondern als rein politische Vereinigung und sind erst später dazu geworden. Eine Gruppe von Menschen erkannte, dass man durch Wahl dieser Partei seinen Protest gegen die aktuellen Zustände äußern kann. Dies spürten dann die Parteiverantwortlichen und hielten diese Möglichkeit weiter am Köcheln. So kamen sie dann zu recht beachtlichen Wahlerfolgen. Doch außer der AfD gab es bisher keine Protestpartei, die es geschafft hat, über einen längeren Zeitraum hinweg zu solch beachtenswerten Ergebnissen zu kommen.

Nachfolgend gibt es eine kurze Auflistung der wichtigsten Protestparteien in Deutschland nach

1989 und vor der AfD (ohne Anspruch auf Vollständigkeit):

Die Republikaner: Die Partei wurde 1983 gegründet. Sie gehört zu den stramm rechten Parteien. Dieser Kurs wurde vom ehemaligen Vorsitzenden Schönhuber eingeschlagen, nachdem sie zuvor etwas gemäßigter auftrat. Schönhuber hatte dieses Amt von 1985 bis 1990 inne. In seine Ägide fielen die besten Ergebnisse: 7,0 Prozent bei der Europawahl 1989 und sogar 7,5 Prozent bei der Senatswahl in Berlin im gleichen Jahr. Die Partei existiert noch. Bei Wahlen findet sie sich inzwischen bei den sonstigen Parteien wieder. Bei den letzten Landtagswahlen hat sie meist deutlich unter einem halben Prozent der Stimmen erreicht. In verschiedenen Bundesländern tritt sie aktuell nicht mehr an.

Statt Partei: Diese Partei wurde 1993 in Hamburg gegründet. Dies ist auch das einzige Bundesland, in dem sie einen Wahlerfolg verzeichnen konnte. Sie entstand aus einem Streit innerhalb der dortigen CDU, ist also ebenfalls eher rechts als links einzuordnen. Bedingt durch diesen Parteistreit kam es 1993 in Hamburg zu einer Neuwahl des Senats, bei der sie mit 5,8 Prozent der Stimmen einen spürbaren Erfolg verzeichnen konnte. Bei der nächsten Wahl des Hamburger Senats erreichte sie mit 3,8 Prozent der Stimmen nicht genug, um weiter im Senatvertreten zu sein.

Danach erreichte sie in Hamburg nur Stimmenanteile von weniger als einem Prozent. In anderen Bundesländern hatte sie nie Erfolg und blieb nahezu immer unter einem Prozent Stimmenanteil. Die Statt Partei existiert noch, ist aber inzwischen absolut bedeutungslos.

NPD: Gegründet wurde die Partei im Jahre 1964. In den ersten Jahren konnte sie auf Landesebene (Westdeutschland) einige Erfolge aufweisen. So erreichte sie in vielen Bundesländern Stimmenanteile vom über fünf Prozent. Diese Zahlen dürften darauf zurückzuführen sein, dass damals erst gute zwanzig Jahre seit der Nazi-Diktatur vergangen waren und es noch einige überzeugte Altnazis gab. Nachdem die NPD jedoch 1969 bei der Bundestagswahl an der Fünf-Prozent-Hürde scheiterte, konnte sie diese Ergebnisse in keinem Bundesland mehr wiederholen und verschwand schnell in der Versenkung.

Erst ab 2004 kamen wieder bemerkenswerte Ergebnisse zustande. In Sachsen-Anhalt und Mecklenburg-Vorpommern überstieg der Wähleranteil für jeweils zwei Wahlperioden die Fünf-Prozent-Marke. Auch bei den Wahlen zu anderen Landesparlamenten stieg der Stimmenanteil, jedoch ohne dass es dort für einen Einzug in das Parlament reichte. Seit 2011 sinkt der Stimmenanteil stark ab und kann heute als bedeutungslos bezeichnet werden. Die Partei hat heute angeblich finanzielle Probleme und sieht sich einem Verbotsverfahren gegenüber.

Piratenpartei: Diese Partei wurde 2006 gegründet und steht im Parteienspektrum auf der linken Seite. Sie hatte in den Jahren 2011 und 2012 ihre besten Ergebnisse. Damals zog sie in vier Landesparlamente ein, wurde aber bisher in keinem der Länder wiedergewählt. Für viele Menschen war es jedoch schwierig, die Strukturen der Piraten nachzuvollziehen. Zudem war sie lange eine Ein-Themen-Partei, die andere Themen, wenn überhaupt nur am Rande vertrat. In schneller Folge gab es wegen Streitereien wechselndes Führungspersonal und viele sind inzwischen anderen Parteien beigetreten. Es ist anzunehmen, dass die Partei weiter an Bedeutung verlieren wird.

Schill-Partei: Die Partei, die offiziell „Partei Rechtsstaatlicher Offensive" hieß, existierte von 2000 bis 2007. Es handelte sich um eine rechtspopulistische Partei, die sich an der österreichischen FPÖ unter Jörg Haider orientierte. Bekannt wurde sie durch den als „Richter Gnadenlos" bekannten Roland Schill, der auch Gründer war.

Im Jahr 2001 erreichte sie bei der Wahl zum Hamburger Senat 19,4 Prozent der Stimmen und bildete zusammen mit der CDU und der FDP die Regierung des Stadtstaates. Es handelte sich einerseits um eine Protestwahl, jedoch erschien vielen Roland Schill auch als Garant für die innere Sicherheit. Die Wahl fand nur zwölf Tage nach dem Anschlag auf die Bürotürme in New York und das Pentagon statt.

In anderen Bundesländern hatte die Partei nie einen Einzug in ein Parlament zu verzeichnen. Auch in Hamburg verfehlte die Partei bei der nächsten Wahl die Fünf-Prozent-Hürde. Dies war auch darauf zurückzuführen, dass Roland Schill Ende 2003 von der rechten Partei ausgeschlossen wurde.

DVU: Als Partei existiert die DVU seit 1987, nachdem sie vorher bereits als Verein bestand. Sie gilt als rechtsextrem. Sie war nur in wenigen Bundesländern aktiv. In vier Bundesländern konnte sie in das Landesparlament einziehen. Im Jahr 1990 erhielt sie in Sachsen-Anhalt beachtliche 12,9 Prozent der Stimmen. Inzwischen hat sich die DVU im Jahr 2011 mit der NPD vereinigt und ist mit ihr gemeinsam in der Versenkung verschwunden.

Es gab also früher schon Protestparteien und teilweise konnten sie auch beachtenswerte Wahlergebnisse erreichen. Doch praktisch nie waren für sie die Ergebnisse später wiederholbar. Man zog vielleicht sogar wieder ins Parlament ein, jedoch mit einem schlechteren Ergebnis. Dies lag daran, dass diese Partien es nicht vermochten, die Wähler während der langen Zeit zwischen den Wahlen an die Partei zu binden. Zu einem großen Teil lag dies daran, dass es damals die Möglichkeiten noch nicht gab, wie zum Beispiel das Internet und die sozialen Netzwerke. Aber die Parteien waren auch selbst schuld, da sie der Bindung keinerlei Bedeutung beigemessen haben.

Rechtspopulismus international

Auffällig ist, dass es das Phänomen des Rechtspopulismus und der Protestparteien bei Wahlen nicht nur in Deutschland gibt. In vielen Ländern lässt sich dies in den letzten Jahren beobachten.

Der Grund ist ganz einfach zu finden. Denn jeder der bisher in dieser Schrift aufgeführten Gründe zum Protestwähler zu werden, trifft nicht nur auf Deutschland zu. Auch in anderen Ländern haben Parteien und Politiker immer weniger scharfe Konturen. Auch in anderen Ländern werden Arbeitnehmerrechte im Zuge der eigenen Wirtschaftsförderung abgebaut. Auch in anderen Ländern steigt das Ausmaß der Bürokratie. Und auch in anderen Ländern scheint die Macht internationaler Großkonzerne immer größer zu werden, wobei diese natürlich auch dort ausschließlich dem Profit nachlaufen und sich für ihr Personal nur als Wirtschaftsgut einsetzen. Und auch dort klafft die Arm-Reich-Schere immer weiter auseinander.

Doch es gibt noch etwas zu beachten. Denn auffällig ist, dass die Länder in denen solche Parteien zu einer größeren Verbreitung gefunden haben, sämtlich in Europa liegen. Und da war ja noch ein Grund, der die Leute zu Protestwählern hat werden lassen. Dieses für viele undurchsichtige System der EU, die aber ganz offenbar inzwischen zu einer großen Macht geworden war. Sämtliche Länder, in denen solchen Parteien aufkamen, gehören der EU an. Sind sie kein Mitglied, wie zum Beispiel die Schweiz, in der die rechtspopulistische SVP sehr stark wurde, so sind diese Länder doch sehr eng mit der EU verbandelt, und vieles, was dort geschieht, wird inzwischen auch durch die EU entschieden. So scheint also genau dieser Punkt der Kritik an der EU etwas ganz Entscheidendes beim Anwachsen der Protestwählerschaft zu sein. Dies ist auch verständlich, denn wer möchte schon von jemand gelenkt werden, der scheinbar nebulös im Dunkeln bleibt.

Zudem wurde besonders in der EU die Globalisierung sehr weit vorangetrieben. Hier ist durch die Macht der internationalen Mega-Konzerne ein großer Teil der sozialen Mitte in Form von mittelständigen Geschäften und Unternehmen weggebrochen, die früher als Mittler zwischen oben und unten fungierten.

Nun ist in den einzelnen Ländern das Anwachsen nicht gleichzeitig geschehen. Die FPÖ in Österreich und der Front National in Frankreich sind schon lange mehr als Splitterparteien. Doch muss man bedenken, dass die genannten Probleme schon lange unterschwellig in vielen Menschen gären. Und in den genannten beiden Ländern gab es eben zufällig zwei Menschen, die für ihre Positionen standen und sich dem Thema annahmen. Sowohl Jörg Haider in Österreich als auch Jean-Marie Le Pen in Frankreich waren charismatische Personen, die es schafften schon früh die Unzufriedenen hinter sich zu sammeln. Und da die jeweilige Partei es schaffte, die Bindung der Wähler herzustellen, blieben die Menschen auch. An den Verhältnissen hatte sich ja nichts geändert.

Man kann auch den gegenteiligen Trend in Europa sehen. So hat in Griechenland mit der Syriza-Partei eine recht weit links stehende Partei die Wahlen gewonnen. Doch auch hier war das zentrale Thema die Skepsis gegenüber der EU. Bezeichnend ist, dass diese Linke sogar eine Koalition mit der weit rechts stehenden Partei der Unabhängigen Griechen eingegangen ist. Gemeinsam ist beiden eigentlich nur die Antipathie gegenüber der EU, aber das scheint schon dafür zu reichen, dass beide Parteien offenbar ohne größere Reibereien miteinander regieren können.

Außerhalb Europas scheint diesbezüglich alles seinen seit Jahrzehnten gewohnten Gang zu gehen. Obwohl meist außer der EU-Skepsis auch viele Gründe zu Protestwahl vorhanden wären, scheint es dort überall normale und altbekannte Wahlergebnisse zu geben. Mal gewinnt links, ein anders mal rechts, nichts deutet aber auf solche Auffälligkeiten wie in Europa hin.

Nur in den USA ist scheinbar etwas ähnliches zu beobachten. Hier kandidierte mit Donald Trump eindeutig ein Rechtspopulist für das Amt des Präsidenten und gewann die Wahl. Auch und vielleicht sogar besonders sind viele Gründe populistische Protestparteien zu wählen auch in den USA zu sehen, wobei natürlich die EU-Skepsis dort keine Rolle spielt. Aber die auch in den USA zu sehenden sozialen Folgen der Globalisierung haben ganz sicher die Wahl zu Gunsten Trumps merklich beeinflusst.

Doch einiges ist anders, nicht nur, dass das Thema Europa fehlt. So gibt es in Amerika in der Praxis eigentlich nur zwei Parteisysteme, alle anderen Bewegungen sind so gut wie bedeutungslos. Und wichtige Politiker der eigenen Partei haben wegen seiner politischen Unreife vor einer Wahl Trumps gewarnt. Zudem ist es offensichtlich, dass sich Trump durch seinen enormen Reichtum in diese für ihn aussichtsreiche Position gebracht hat. Und außerdem wirkt vieles so, als habe er es sich bei den Protestparteien in Europa abgeschaut und er dies nun zu seinem eigenen Vorteil kopiert hätte.

Jedoch gibt es in den USA, wie auch in den anderen Teilen der Welt die gleichen Probleme, mit denen sich die unteren Schichten herumschlagen müssen. So ist zu erwarten, dass es auch dort irgendwann zu solchem Protestverhalten kommen wird. Man wird nicht ewig die Willkür der Großkonzerne und die Undurchsichtigkeit der Politik hinnehmen. Es braucht nur einer Organisation und eines charismatischen Kopfes, um auch dort die Stimmen der Protestwilligen zu erhalten.

Sicher könnte man zu den rechten, populistischen Parteien und den Protestwählern in anderen Ländern jeweils ein eigenes Buch verfassen. Doch da es hier ausschließlich um die Verhältnisse in Deutschland und den dadurch bedingten Aufstieg der AfD gehen soll, wird es hier bei diesem kurzen

und erläuternden Ausflug in andere Länder bleiben. Festzuhalten bleibt jedoch, dass Unzufriedenheit kein rein deutsches Phänomen ist.

Wählerwanderung

Regelmäßig an Wahltagen sitzen wir ab achtzehn Uhr vor dem Fernseher und schauen uns an, wie die Wahl ausgegangen ist. Zuerst gibt es eine Prognose, die schon deutlich aufzeigt in welche Richtung es geht. Im Laufe des Abends wird es aber noch Änderungen geben, die besonders bei den Parteien spannend zu beobachten sind, die nur knapp über oder unter der Fünf-Prozent-Hürde liegen.

Dann wird es immer in einigem Abstand einige Hochrechnungen geben. Hierzu werden tatsächlich ausgezählte Stimmzettel berücksichtigt, wogegen bei der anfangs ausgestrahlten Prognose lediglich eine Wählerbefragung am Wahltag berücksichtigt wurde. Es wird dabei angegeben, wie viele der Wahlkreise bisher ausgezählt wurden. So können wir also zusehen, wie das Ergebnis immer genauer wird, weil ja immer mehr der abgegebenen Stimmen ausgezählt wurden.

Dabei ist dann auch immer angegeben, wie sich das Ergebnis für die einzelnen Parteien seit der letzten Wahl verändert hat. Bei jeder Wahl gibt es Gewinner und Verlierer, und hier sehen wir, wie hoch diese Gewinne und Verluste sind. Immer wieder kommt es dabei auch vor, dass eine Partei zwar die meisten Stimmen erhalten hat, im Vergleich zur letzten Wahl aber trotzdem verloren hat.

Irgendwann in der Nacht sind dann alle Wahlzettel ausgezählt und es gibt ein Endergebnis. Die meisten Menschen schlafen schon, waren aber schon zuvor ausreichend informiert, da die letzte gesehene Hochrechnung schon recht nahe an das Endergebnis herankam. Dieses Endergebnis ist noch vorläufig, manches wird noch einmal nachgezählt und geprüft. Dann gibt es, oft einen oder zwei Tage später das endgültige Endergebnis, das nun gilt und für die Zusammensetzung des Parlaments entscheidend ist.

Dieses Ergebnis lässt sich nun analysieren. So können wir sehen, wie in den einzelnen Wahlbezirken gewählt wurde, wie also beispielsweise die Menschen in der unmittelbaren Nähe der eigenen Wohnung gewählt haben. Es lässt sich so auch ersehen, wie sich regionale Begebenheiten auf das Ergebnis ausgewirkt haben. Bei manchen Wahlen lässt sich so erkennen, dass sich die Veränderungen der Ergebnissen für eine Partei zum Beispiel im Süden anders zeigen als im Osten.

Was sich aber so nicht feststellen lässt, ist, was die Wähler einer Partei bei der letzten Wahl gewählt haben. Denn man kann einem einzelnen Wahlzettel weder ansehen, wer ihn ausgefüllt hat, noch was dieser Wähler bei der letzten Wahl gewählt hat. Auch aus den Zahlen lässt sich dies nicht erkennen, da man zwar ein Wachstum oder einen Verlust erkennen kann, aber nicht, woher die neuen Wähler kamen, beziehungsweise wohin sie abgewandert sind. Möchte man hierzu Zahlen haben, muss man also die Wähler separat befragen, was dann natürlich zur Folge hat, dass es dabei Ungenauigkeiten geben kann.

Meist gibt es bei einer Wahl eine Partei, die besonders viel gewonnen oder verloren hat. Gerade für diese scheint es interessant zu erfahren, woher die vielen neuen Stimmen kommen oder wohin die Wähler abgewandert sind.

In den frühen Jahren der Bundesrepublik gab es zwei große Parteien. Wenn eine Stimmen verlor, war klar, dass die jeweils andere Partei diese Stimmen erhalten hatte. Zu den beiden Parteien kam noch die stets klein gebliebene FDP dazu. Sie wurde dann benötigt, wenn keine der großen Parteien die absolute Mehrheit bekam. Dann ging eine der Parteien eine Koalition mit der FDP ein. Interessant war nun zu beobachten, wie sich der Stimmenanteil der FDP bei der nächsten Wahl verändern würde. Wenn sie dann an Stimmen gewann, lag dies daran, dass man die große Partei schwächen wollte. So war also auch hier leicht zu erkennen, wie die Wählerwanderung war.

Später kamen dann die Grünen und andere Parteien dazu. Auch die Zeit der Protestwahlen begann. Durch die große Parteienzahl wurde es schwieriger zu erkennen, was die Wähler einer der Parteien bei den letzten Wahlen gewählt hatten. Nun begann daher die Zeit , bei der in den Wahlsendungen im Fernsehen auch immer die erfragte Wählerwanderung aufgezeigt wurde.

Doch noch war die Auswertung einfach zu verstehen. Wenn eine Protestpartei aus dem linken Lager kam, kamen die Wähler aus dem Lager der SPD und vielleicht von den Grünen oder aus der großen Zahl der Nichtwähler. Kam die Protestpartei von rechts, kamen die Wähler ebenfalls von den Nichtwählern aber statt von der SPD von der CDU. So war die Wählerwanderung also immer noch leicht zu verstehen.

Komplizierter wurde das Bild, als die AfD die Parteienbühne betrat. Sie hatte Erfolg bei einigen Wahlen zu verzeichnen. Es ist eine rechte Partei. Doch wenn man sich die Wählerwanderung betrachtet, erkennt man, dass sie zwar auch Stimmen von ehemaligen Nichtwählern erhielt, aber ansonsten allen anderen Parteien Stimmen abjagen konnte. Was ist also hier anders?

Dass die AfD von den Nichtwählern Stimmen erhielt, ist klar. Die Menschen hatten sich von den Wahlen zurückgezogen, weil sie bei den bisherigen Parteien nichts mehr fanden, was sie in ihrem Sinn für wählbar hielten. Nun gab es eine Partei, über die sich der Protest zeigen ließ, und man wählte sie nun.

Doch ansonsten wäre, da ja die AfD eine rechte Partei ist, zu erwarten gewesen, dass sie ihre Stimmen von ehemaligen CDU-Wählern erhielt, doch auch andere Parteien bis hin zur Linkspartei verloren Stimmen an die AfD.

Bei der Linkspartei war dies sogar noch zu verstehen. Die Partei hat zwar einen recht hohen

Grundstock an Wählern, die diese Partei aus innerer Überzeugung wählen, doch dazu kommt noch ein großer Anteil an Wählern, die die Linke aus Protest wählten. Der Anteil dürfte in Hochzeiten etwa ein Drittel der Wähler ausgemacht haben. Diese Protestwähler fanden in der AfD nun eine Partei, durch deren Wahl man sich versprach, dass der Protest hörbarer ausgedrückt wurde. Daran zeigt sich auch, dass es den Wählern hier nicht um rechts oder links geht, sondern ganz einfach darum, ihren Protest und ihre Unzufriedenheit auszudrücken.

Doch auch die Wanderung von den anderen Parteien zur AfD ist leicht erklärbar. Wie wir in diesem Buch sehen, gibt es eine Menge an Gründen mit der aktuellen Politik unzufrieden zu sein, ganz gleich aus welcher politischen Richtung man eigentlich kommt. Die Missstände sind über viele Jahre angewachsen. Bei manchen Menschen hat es gerade in der Zeit seit der letzten Wahl dazu geführt, dass man sich von den etablierten Parteien abwendet und nun eine Protestpartei wählt. Man macht dies eben nicht, indem man zuerst zum Nichtwähler wird, sondern wählt direkt statt der vorher gewählten Vereinigung die Protestpartei. Man darf dabei ja nicht vergessen, dass auch die Wähler, die zuletzt Nichtwähler waren, davor Wähler einer der etablierten Parteien waren. Auch diese wandern also von einer der etablierten Parteien zur AfD, auch wenn sie zuerst einmal einen Zwischenstopp bei den Nichtwählern gemacht haben.

Doch auch wenn die Ablehnung der etablierten Parteien schon länger als eine Wahlperiode währt, bleibt die Wanderung von dieser zur Protestpartei plausibel. Viele Menschen möchten nicht zu Nichtwählern werden, weil sie der Meinung sind, dass man mit der Wahl sein Recht auf Teilhabe an der Politik wahrzunehmen habe. Es kam für sie also nicht infrage, am Wahltag zu Hause zu bleiben.

Doch sie fanden bisher für sich nichts, was sie hätten wählen können. Die alten Protestparteien von Rechtsaußen waren ihnen zu weit rechts und schienen ihnen unwählbar. Die Linke kam auch nicht in Frage, da sie ihnen zwar nicht zu weit links war, aber wegen ihrer Geschichte für sie nicht infrage kam, So wählten sie also weiterhin zähneknirschend, was sie schon immer gewählt hatten und sahen dies dann als das kleinste Übel an. Schließlich kam dann mit der AfD eine Partei, die sich nicht außerhalb des für sie wählbaren Spektrums bewegte. Also verließen sie bei der Wahl ihre angestammte Partei und wurden nun auch zu Protestwählern. So ist es also durchaus zu verstehen, dass die Wählerwanderung Bewegung von allen Parteien zur AfD aufweist.

Pressefundstücke

Nachfolgend gibt es einige Titelzeilen aus der Presse, die in der letzten Zeit zu lesen waren. Hier wird sehr deutlich, was in unserer Gesellschaft vorgeht und wo die Probleme zu suchen sind, die es zu lösen gilt, damit es keinen Anlass oder Grund mehr gibt, eine rechtspopulistische Partei des Protestes wegen zu wählen:

„Mehr als jeder Zehnte in Deutschland überschuldet"
Augsburger Allgemeine, 10.11.2016:
http://www.augsburger-allgemeine.de/panorama/Mehr-als-jeder-Zehnte-in-Deutschland-ueberschuldet-id39689122.html,
abgerufen am 10.11.2016

„14,5 Millionen Menschen lebten schon mal von Hartz IV"
Spiegel Online, 3.11.2016:
http://www.spiegel.de/wirtschaft/soziales/hartz-iv-14-5-millionen-betroffene-darunter-4-4-millionen-kinder-a-1119483.html, abgerufen am 10.11.2016

„Armutsbericht: Deutschland wird ungleicher"
wissen.de, 17.10.2016:
http://www.wissen.de/armutsbericht-deutschland-wird-ungleicher, abgerufen am 10.11.2016

„Immer mehr Ältere von Armut bedroht"
Frankfurter Neue Presse, 31.10.2016:
http://www.fnp.de/nachrichten/politik/Immer-mehr-AEltere-von-Armut-bedroht;art46559,2295783, abgerufen am 10.11.2016

„Immer mehr Rentner brauchen Sozialhilfe"
Der Tagesspiegel, 19.04.2016:
http://www.tagesspiegel.de/wirtschaft/armut-im-alter-immer-mehr-rentner-brauchen-sozialhilfe/13467920.html, abgerufen am 10.11.2016

„Die Leute haben Zukunftsängste"
der Freitag, 21.10.2016:
https://www.freitag.de/autoren/der-freitag/hokuspokus, abgerufen am 10.11.2016

„Erfurt: 60 Prozent Kinderarmut in den nördlichen Plattenbaugebieten"
Thüringer Allgemeine, 20.10.2016:
http://www.thueringer-allgemeine.de/web/zgt/leben/detail/-/specific/Erfurt-60-Prozent-Kinderarmut-in-den-noerdlichen-Plattenbaugebieten-2103613071, abgerufen am 10.11.2016

„Deutsche haben wenig Vertrauen in EU-Institutionen"
Neue Osnabrücker Zeitung, 7.11.2016:

*http://www.noz.de/deutschland-welt/politik/
artikel/801815/deutsche-haben-wenig-vertrauen-in-
eu-institutionen*, abgerufen am 10.11.2016

„Immer größere Kluft zwischen Arm und Reich in
Deutschland"
Stern, 23.2.2016:
*http://www.stern.de/wirtschaft/geld/armut–schere-
zwischen-arm-und-reich-oeffnet-sich-6712890.html*,
abgerufen am 10.11.2016

„Lohndumping in der digitalen Wirtschaft"
Deutsche Welle, 2.11.2016:
*http://www.dw.com/de/lohndumping-in-der-
digitalen-wirtschaft/av-36185535*, abgerufen am
10.11.2016

Dies sind gerade einmal zehn Titel zu Pressever-
öffentlichungen, die bei einer halbstündigen Suche
in den diversen Online-Veröffentlichungen der
deutschen Presse gefunden wurden. Diese Liste ließe sich beliebig fortsetzen. Hier wird deutlich, dass
es die genannten Probleme wirklich gibt, und dass
sie auch bekannt sind. Dennoch wird seitens der
Politik alles belassen wie es ist. So ist es nicht er-
staunlich, wenn man ihr nicht mehr traut, sich woanders organisiert und aufbegehrt.

Schere Arm-Reich

Nicht zu übersehen ist auch, dass in unserem Land die Schere zwischen Arm und Reich immer weiter auseinandergeht. Früher baute sich diesbezüglich die Bevölkerung wie eine Pyramide auf, also unten viele mit wenig Geld, darüber ein kleinerer Teil, der zur sogenannten Mittelschicht zählte, und ganz oben recht wenige, die als reich galten. Heute sieht die Verteilung ganz anders aus. Denn die Mittelschicht ist inzwischen stark ausgedünnt und auch der Abstand zwischen Arm und Reich hat sich vergrößert.

So redet man heute bei reichen Menschen nicht mehr von Millionären sondern bereits von Milliardären. Gleichzeitig hat ein großer Teil der Bevölkerung gerade genug, um nicht zu verhungern und sich einfachste Kleidung zu leisten. An Urlaub oder größere Anschaffungen ist für diese Menschen nicht zu denken. Etwa vierzig Prozent der armen Leute haben heute proportional weniger zur Verfügung als noch vor zwanzig Jahren

In Deutschland gibt es aktuell etwa 150 Milliardäre. Jeder von ihnen besitzt so viel, wie 2.5000.000 Menschen im Monat als Grundbetrag erhalten, wenn sie von Arbeitslosengeld II leben. Der Einfachheit wegen, habe ich bei dieser Berechnung angenommen, dass jeder dieser Milliardäre „nur" eine Milliarde Euro besitzt. Sind es hingegen zwei Milliarden, verdoppelt sich die Zahl, sind es zehn Milliarden, ist sie zu verzehnfachen.

Rund fünf Millionen Menschen sind hier im Land direkt von Arbeitslosengeld II (Hartz IV) abhängig. Je nach Sichtweise, also ob Familienmitglieder, Aufstocker und andere mitgezählt werden oder nicht kommt man auch zu einer zweistelligen Millionenzahl an Bürgern, die auf diese Hilfe angewiesen sind. Allein der Vergleich des immensen Reichtums auf der einen Seite, der in der Hand nur sehr weniger Menschen liegt, und der großen Zahl an armen Menschen zeigt, wie weit die Kluft inzwischen ist.

Gleichzeitig sehen wir ein stetes Abschmelzen der Mittelschicht. Hierzu zählten früher die meisten Selbstständigen und Freiberufler. Doch bei vielen dieser Berufe konnte sich der Status, den man früher durch seinen Verdienst im Beruf hatte, nicht halten lassen. So gibt es heute Ärzte, die trotz viel und verantwortungsreicher Arbeit gerade mal so viel verdienen, dass sie ihre Praxis nicht schließen müssen. Doch es bleibt fast nichts zum Leben hängen. So hört man daher auch immer wieder von Medizinern, die einen Zweitjob ausüben, gerne auch im Ausland, weil dort offenbar mehr zu verdienen ist. Ein nicht unbeträchtlicher Teil der Selbstständigen ist heute darauf angewiesen, sein Einkommen mit den Leistungen nach Hartz IV aufzustocken, um überleben zu können. Auch viele Rechtsanwälte leben nur knapp über dem Existenzminimum, kleine, inhabergeführte Geschäft mit Besitzern aus der Mittelschicht gibt es kaum noch.

Gleichzeitig gibt es unter den Ärzten auch einige wenige Spezialisten, für die genau das Gegenteil gilt. Sie verdienen mit ihrer Arbeit soviel, dass man sie schon fast zu den reichen Menschen in unserer Pyramide zählen kann. Solche Beispiele lassen sich für viele Berufsgruppen aus der ehemaligen Mittelschicht finden. An vielen Stellen sieht es so aus, als ob es nur noch die Möglichkeiten arm oder sehr reich geben würde, wobei für fast alle Menschen unseres Landes das Pendel eher in Richtung der Armut ausschlägt.

Doch dadurch, dass sogar schon in der Mittelschicht zu sehen war, dass man auch trotz der eigentlich unterstellten sozialen Sicherheit Gefahr laufen kann, in Armut zu fallen, gab es neben der kleinen Spitze aus Reichen niemand mehr, der sich sicher fühlen konnte. Auch die Teile der Mittelschicht, die noch gut leben konnten, sahen die Gefahr näher kommen, dass es auch sie betreffen könnte. Und auch sie begannen das anzuzweifeln, was bisher als sicheres System gegolten hatte.

Das macht perspektiv- und mutlos. Man weiß natürlich ganz genau, dass man es nie zu einem ganz reichen Menschen bringen wird, doch früher gab es ja auch noch etwas dazwischen. Man konnte dorthin gelangen, wenn man lange in einem Unternehmen arbeitete und entsprechend darin aufstieg. Das gibt es heute fast gar nicht mehr, und so werden die Menschen hoffnungslos. Man glaubt, in vielen Fällen auch zu Recht, dass man es nie aus dieser Armut herausschaffen wird.

Hier gibt es also ein großes Potential, dass dadurch Protestwähler entstehen. Denn Perspektivlosigkeit ist ein nachvollziehbarer Grund, mit der aktuellen Lage und damit auch mit dem aktuellen System unzufrieden zu sein. Dass dies bei armen Menschen mit einfacher oder keiner Ausbildung der Fall ist, liegt auf der Hand und ist auch für alle nachvollziehbar. Doch wir haben hier ja auch gesehen, dass viele Menschen, die früher dem Mittelstand angehörten, heute trotz möglicherweise sechzig Arbeitsstunden in der Woche gerade mal so über die Runden kommen. Friseure, Bäcker, Anwälte und viele andere müssen heute jeden Monat fürchten, dass das Geld für die gemieteten Räume nicht mehr zusammenkommt. Auch hier gilt das Gesagte zur Perspektivlosigkeit. Auch diese Menschen können also Protestwähler werden. Und hier haben wir dann auch einen Grund dafür, dass es auch nicht wenige gut ausgebildete Akademiker gibt, die solchen Parteien, wie aktuell der AfD zusprechen.

Noch verstärkend kommt dazu, dass diese für viele so wichtigen Themen der Armut, wenn überhaupt nur selten in Wahlkämpfen angesprochen wird. Und dies hat einen ganz einfachen Grund: Die Wahlbeteiligung ist bei reichen Leuten deutlich höher als in den armen Teilen der Bevölkerung. So weiß man, dass in den Villenvierteln größerer Städte oft siebzig Prozent der Bewohner ihr

Kreuz machen, manchmal ist der Anteil der Wählenden sogar noch höher, teilweise sogar bei neunzig Prozent. Im Gegensatz dazu liegt die Wahlbeteiligung in Vierteln, die man gelegentlich auch als Wohnghetto bezeichnet, häufig deutlich unter fünfzig Prozent, es gibt sogar solche Viertel in denen noch gerade mal jeder Fünfte wählen geht.

Praktisch alle Parteien wählen also ihre Wahlkampfthemen passend zu den Bevölkerungsgruppen aus, bei denen eine größere Wahlbeteiligung zu erkennen ist. Das sind also besser gestellte Leute und für diese spielt das Thema Armut in ihrem Alltag keine Rolle. Auch das Wort Umverteilung hören viele vermögende Menschen nicht gerne. Daher schweigen die Parteien vor einer Wahl dazu. Doch gerade dies führt natürlich bei den sowieso schon perspektivlosen Menschen dazu, dass sie sich noch mehr ausgegrenzt und von der Politik weder verstanden noch unterstützt fühlen. Das verstärkt die Neigung, die scheinbaren Systemkritiker aus Protest zu wählen. Und da es gerade bei den Zukurzgekommenen noch immer sehr viele Nichtwähler gibt, ist zu befürchten, dass vielleicht auch Teile dieser Menschen künftig dazu mobilisiert werden könnten, wieder wählen zu gehen und dabei natürlich dann ihr Kreuz bei einer Protestpartei zu hinterlassen.

Und jetzt hat es eine Partei geschafft, dass auch die armen Menschen wieder an die Wahlurne gehen. Doch wählen sie natürlich nicht die etablierten Parteien, die die Interessen der armen Menschen in der Vergangenheit vorsätzlich nicht vertreten haben. Dies haben sich diee Parteien natürlich selbst zuzuschreiben, haben sie doch in der Vergangenheit bewusst nur auf den vermögenden Teil der Bevölkerung geachtet.

Wer nicht glauben will, dass es die Armut und die Perspektivlosigkeit in Deutschland gibt, der sollte mal mit dem Fahrrad durch Mecklenburg-Vorpommern fahren, ein Bundesland in dem inzwischen rund ein Viertel der Menschen die Protestpartei AfD wählt. Wer so unterwegs ist, ist langsam genug, um seine Umgebung auch in ihrem Wesen aufzunehmen, gleichzeitig aber mobil genug, um auch mehr als nur einen oder zwei Orte zu sehen.

So wird es auf dieser Fahrt immer wieder vorkommen, dass man durch Dörfer fährt, in denen es drei Geschäfte gibt. Zwei sind abgehängt und suchen einen Nachmieter, im dritten befindet sich ein Klamottendiscounter mit Billigstangeboten. Die wenigen Menschen, die man dort überhaupt auf der Straße sieht, schlurfen lust- und freudlos umher. Hier ist die Armut großflächig angekommen und wenn die Schere zwischen Arm und Reich noch weiter auseinanderklaffen sollte, was leider für die Zukunft zu befürchten ist, wird es noch mehr solcher Landstriche geben, auch in allen anderen Bundesländern. Dann wird es noch mehr Perspektivlosigkeit und nachfolgend fast zwangsläufig noch mehr Protestwählern geben.

Deutschland Ost und West

Bis 1989 war Deutschland geteilt. Es gab kaum Berührungspunkte im praktischen Leben zwischen den beiden Teilen Deutschlands. Lediglich den Westbewohnern war es möglich, überhaupt in den anderen Teil des Landes zu kommen, doch geschah dies nicht sehr häufig und wenn, dann waren es meistens Tagesbesuche. Den Ostdeutschen war es nicht möglich den Westen zu besuchen. Lediglich Menschen denen eine dauerhafte Ausreise bewilligt worden war oder die schon 65 Jahre alt waren, sahen den anderen Teil Deutschlands. Viele kannten den Westen daher nur von den Bildern, die sie im Westfernsehen sehen konnten.

Ende der 80er-Jahre wuchs die Unzufriedenheit in der DDR so stark, dass die Menschen auf die Straße gingen. Viele gingen auch ins benachbarte Ausland Osteuropas und besetzten dort die westdeutsche Botschaft, um so ihre Ausreise in den Westen zu erzwingen. Die Menschen fühlten sich eingesperrt, arm und bevormundet. Sie wollten auch ein Leben, wie sie es immer wieder im Fernsehen von den Menschen im Westen sahen. Schließlich gab es riesige Demonstrationen, und man konnte deutlich erkennen, dass ein sehr großer Teil der Bevölkerung hinter dieser Bewegung stand.

Ende 1989 war der Druck dann so stark, dass die Grenzen geöffnet wurden. Sicher war es nicht auf diese Art geplant, aber wenn man nicht Gewalt gegen das eigene Volk anwenden wollte, wie es einige Monate zuvor in Peking geschah, dann musste etwas geschehen, um Ruhe in die Lage zu bringen. Gleich von der ersten Minute der Öffnung an strömten Unmengen an Menschen in den Westen.

Begrüßt wurden die Menschen herzlich und obendrauf gab es für jeden noch ein Begrüßungsgeld in Höhe von 100 Westmark. So konnten sie gleich einen Eindruck bekommen, welcher Wohlstand hier wohl herrschen muss, dass man sich das leisten konnte. Man hatte den Eindruck, dass man für die richtige Sache gekämpft hatte und wähnte sich am Ziel.

Als dann der damalige Bundeskanzler Helmut Kohl auch noch von blühenden Landschaften sprach, die im Osten auferstehen würden, war das Glück scheinbar perfekt. Kohl wiederholte dies sogar und prophezeite, dass man schon nach drei oder vier Jahren die Erfolge der westlichen Politik in Ostdeutschland erkennen werde. Einen Effekt hatte diese Ankündigung sicher, denn ohne eine solche Aussage wären sicher noch mehr Menschen aus dem Osten in den Westen umgezogen, weil sie in ihrer alten Heimat keine Zukunft für sich gesehen hätten. So blieben sie, weil sie ihm glaubten und wurden bitter enttäuscht.

Schon ein Jahr später schlossen sich die beiden Länder zusammen. Genaugenommen trat die DDR der BRD bei, verschwand also als eigenständiges Land. Auch damals gab es erste Diskussionen dazu, und es wurde angemahnt, dass nach diesem einseitigen Beitritt auch einiges verloren gehen würde, was es auch in der DDR an positiven Dingen gegeben hätte. Doch es handelte sich um eine Minderheit, und so wurden sie professionell überhört. Auch viele Bewohner des Ostens verstanden die Kritik nicht und glaubten stattdessen weiter an die blumigen Versprechungen.

In den nächsten Jahren war zu beobachten, dass es viele Menschen gab, die Anspruch auf Eigentum im Osten erhoben. Sie gaben an, dass ihre Vorfahren durch die frühe DDR enteignet worden seien. Häufig verloren Menschen so ihr Zuhause, indem sie nun schon einige Jahrzehnte wohnten.

Gleichzeitig wurden von den eingesetzten Abwicklungsbehörden viele Unternehmen stillgelegt. Viele Menschen wurden also arbeitslos. So zogen immer mehr Menschen in den Westen, weil sie sich dort mehr für die eigene Zukunft versprachen. In manchen Orten war es so, dass mehr als ein Drittel der Bewohner „rübermachten", wie man es damals nannte.

Das war in etwa der Stand als die vom ehemaligen Kanzler Kohl avisierten drei bis vier Jahre vorbei waren. Nichts war zu sehen von den blühenden Landschaften, es gab noch nicht einmal Vorzeigeobjekte. Stattdessen gab es hohe Arbeitslosigkeit, verlassene Städte und Dörfer und wenn man Pech hatte noch eine Wohnung, die einem von Westbewohnern weggenommen wurde. Der Unmut über

die Verhältnisse und nicht eingehaltenen Versprechen wurde immer deutlicher vernehmbar.

So ging es weiter, viele Jahre lang. Zwar wurde
die Infrastruktur auf den neuesten Stand gebracht,
aber sonst passierte nicht viel. Vor allem für die
Menschen tat man nichts. Trotz Förderungen fand
sich kaum ein Unternehmen, das sich dort ansie-
delte. Man hatte erkannt, dass die besser ausgebil-
deten Menschen inzwischen in den Westen abgewandert waren und fürchtete, nicht genug qualifi-
ziertes Personal zu finden.

Auch heute, über ein Vierteljahrhundert nach
der Maueröffnung hat sich an all diesen Dingen
kaum etwas geändert. Neben dem Beschriebenen,
das alles noch vorzufinden ist, verdienen die Menschen dort weniger bei gleichen Lebenshaltungs-
kosten. Die Renten sind niedriger und bei noch einigen anderen Dingen stehen sich die Bewohner
dort schlechter als im Westen. Wer beispielsweise
aufmerksam durch manche Dörfer in Mecklenburg-Vorpommern oder Sachsen fährt, wird keine
Schwierigkeiten haben, die Trostlosigkeit zu sehen.
Wenn die Bewohner dort das Wort Sozialstaat hören, wird ihnen immer wieder bewusst, wie wenig
es diesen für sie gibt.

Zufriedenheit und Hoffnung sind in diesen Ge-
genden praktisch nicht mehr auszumachen. Die
Menschen hören immer wieder die überaus positiven Meldungen von der Entwicklung der deutschen Wirtschaft und sehen dazu tagtäglich ihr eigenes Elend. Einige gehen inzwischen sogar soweit,

sich die alte DDR zurückzuwünschen. Man hatte in diesem Vierteljahrhundert noch nicht einmal das Niveau des Westens erreicht, in vielen Bereichen sogar seit der Einheit verloren – wie weit sind da also erst die blühenden Landschaften entfernt?

Auch die Parteien und politischen Vertreter genossen kein Vertrauen mehr. Immer weniger Stimmen bekamen sie im Osten bei Wahlen, wenn man überhaupt noch mitwählte. Lediglich Parteien, hinter denen man Protest gegen die etablierten Parteien vermutete, erhielten noch gute Ergebnisse. Nur indem man sich durch ein solches Wahlverhalten Gehör verschaffte, hatte man noch eine geringe Hoffnung, dass sich vielleicht doch mal irgendwann etwas ändern würde. Man wäre ja schon mit kleinen sichtbaren Schritten zufrieden, die „blühenden Landschaften" hatte man abgeschrieben. Auch glaubte man nicht mehr daran, dass die etablierten Westpolitiker irgendwann einmal sehen würden, wie die Wirklichkeit im Osten ist.

Nicht nur im Osten lässt sich so etwas beobachten, in einigen Regionen gibt es das auch im Westen. Es gibt dort ein starkes Stadt-Land-Gefälle. Nachdem in den vergangenen Jahren viele in die großen Städte gezogen sind, bluteten auch dort viele kleinere Orte förmlich aus. Auch dort wuchs die Unzufriedenheit, und auch dort verschwand immer mehr Vertrauen in die alteingesessenen und regierenden Parteien.

Doch das Problem im Osten ist weitaus größer. Auch besteht es schon länger, so dass sich die Unzufriedenheit schon viel tiefer in die Menschen eingefressen hatte. So kommt es, dass eben im Osten der Anteil der Nicht- oder Protestwähler viel größer ist als im Westen.

Zukunftsängste

Früher war das Leben einfach. In der Jugend nahm man einen Beruf an und übte ihn dann bis zur Rente aus. Der Großteil der Bevölkerung war nie in einer Lage, in der man Sozialleistungen beantragen musste. Man heiratete mit Mitte der zwanzig und blieb zusammen, bis einer der beiden starb. Man bekam Kinder und bereitete sich auf sein kommendes und erwartbares Leben vor. Auch in der Wohnung blieb man einfach wohnen, oder man baute sich gar etwas eigenes, was ab dann bis zum Lebensende zur Heimstatt wurde.

Doch dies ist heute alles nicht mehr so. Einen Job hat man heute vielleicht fünf Jahre, dann wird man aus Rationalisierungsgründen oder weil die Firma Insolvenz anmeldet, entlassen. Nur noch rund zwei Drittel der festen Partnerschaften halten ein Leben lang. Und ein Haus zu bauen, ist nur noch wenigen möglich, die beruflich zu den wenigen Glücklichen gehören oder Verwandte haben, die in der Lage sind, hier finanziell auszuhelfen.

Die meisten Menschen, die heute hier leben, egal welchen Alters sie sind, wissen daher nicht, was die Zukunft für sie bringen wird. Kaum jemand ist noch in der Lage, mehr als fünf Jahre in die eigene Zukunft zu blicken.

Hieß es früher in der Erziehung, dass man dies oder jenes zu lernen habe, weil es einem bei der zu erwartenden Zukunft helfen würde, zieht dieses heute nicht mehr. Zu oft muss man im Leben grundsätzliche Dinge wie Beruf, Partner oder Wohnung wechseln. Und diese Wechsel sind häufig so gravierend, dass man Dinge, die man für etwas gelernt hat, in der nächsten Lebenssituation nicht mehr anwenden kann. So muss immer wieder neu gelernt werden, und oft ist man nicht sicher, ob man es auch schafft.

Früher war es also so, dass man mit dem Erwachsenwerden das Lernen abgeschlossen hatte. Was noch dazu kam, war Erfahrung. Diese wurde im Beruf gesammelt und auch bei den Hobbys, die man hatte. Heute hat man den Eindruck, nie ausgelernt zu haben, nie ein fertiger Mensch zu sein. Man kann sich auch nicht vorbereiten, weil man eben nicht weiß, was auch nur in zwei Jahren sein wird. Man weiß nur, dass eine solche Veränderung mit sehr großer Wahrscheinlichkeit kommen wird, dass es auch sein kann, dass es sehr plötzlich auftritt. In welche Richtung es dann gehen wird, lässt sich noch nicht einmal erahnen, man weiß nur, dass es mal wieder Bereiche geben wird, bei denen man mal wieder bei Null anfängt.

Aus der Sicherheit von früher wurde also irgendwann eine Unsicherheit darüber, was wohl in der Zukunft des eigenen Lebens sein wird. Es ging nicht um zukünftige Erlebnisse, sondern um existentielle Dinge. Zuerst bezog man dies nur auf sich selbst, dachte, dass man dies beherrschen kann, nur den Weg daraus noch nicht sehen würde, dachte, dass da vielleicht jemand kommt und erklärt, wie man damit umzugehen hat.

Doch da kam niemand. Statt dessen fand man andere, denen es genauso ging. Genau wie man selbst, hatten sie sich eine Fassade aufgebaut, um die vermeintliche eigene Schwäche zu verbergen. Doch man lernte auch, diese Fassade bei anderen zu erkennen, sah also, dass es vielen so ging wie einem selbst, dass viele nicht wussten, was die Zukunft für sie bringen wird. Man erkannte, dass es gar nicht an einem selbst lag, dass man dies durchmachte, sondern dass es eine grundsätzliche Sache war, die sich abspielte. Eine Sache, auf die man selbst keinen Einfluss hatte. Und so wurde aus der Unsicherheit dann Angst, erst um sich und seine eigene Zukunft, dann um alles, was man in seinem Leben sah und was einem wichtig war. Man hatte Angst vor der Zukunft und vor allem vor dem, was dann sein wird.

Bei der Suche nach Gleichgesinnten oder gar Vereinigungen, die einem helfen, zu verstehen und die vielleicht sogar Hilfe anboten, blieb man irgendwann bei den Rechten hängen. Es war weniger das Programm dieser Parteien und sonstigen Gruppen, es war vielmehr das Wort 'früher', das diese interessant scheinen ließ. Irgendwie stand da, dass früher alles besser war, und so empfanden auch die Menschen, die jetzt Angst um ihre Zukunft hatten. Dass mit dem Wort „früher" von den Parteien etwas ganz anders gemeint war, nämlich die Zeit von Minderheitenverfolgung und Diktatur, wurde verdrängt. Es war allein das Zauberwort „früher", das faszinierte und das versprach, zur alten Sicherheit und Klarheit zurückzukehren.

Die Parteien erkannten dies und nahmen den neuen Zuspruch dankend an. Sie änderten ihre Außenwirkung, indem sie nicht mehr ihre tumben Ziele, sondern die vermeintliche Not der Bevölkerung und ihre Sehnsucht nach früherer Sicherheit betonten. So war gewährleistet, dass der neue Zulauf nicht gleich wieder verschwinden würde.

Unbewusst erkannten die Menschen natürlich, auf welche Partei sie sich da einließen. Es war ja auch nicht zu übersehen, welche Proteste sich gegen diese erhoben. Also engagierte man sich nicht dort, man wählte sie nur. Am Anfang waren dies beispielsweise DVU, Republikaner oder auch die Statt-Partei. Wahltage lagen vier oder fünf Jahre auseinander. Da es nur die Wahl als Zeichen des Protests und als Hinweis auf die Unzufriedenheit gab, dass man sich die frühere Sicherheit zurückwünschte, gerieten die Parteien selbst in der Zwischenzeit wieder in Vergessenheit. Erst der AfD gelang es dann, die Menschen auch zwischen den Wahlen an sich zu binden.

Von den altbekannten Parteien hörte man nichts. Sie schienen gar nicht mitbekommen zu haben, dass sich die Zukunftsaussichten für große Teile der Bevölkerung so grundlegend verändert hatten. Auch dies machte es den rechten Parteien so einfach, auf das System mit den Parteien zu schimpfen und ihnen die Schuld zu geben, dass heute scheinbar niemand mehr weiß, wie es mit ihm morgen weitergehen wird. So war es also einfach, auch die Menschen mit Angst vor der Zukunft hinter sich zu sammeln.

Das unbegreifliche System der EU

Früher war jedem klar, wer politisch für das verantwortlich war, was man so im Alltag erlebte. Das war im Westen der Bundestag für die allgemeinen Dinge und die Landes- beziehungsweise Kommunalparlamente für die regionalen Angelegenheiten. Im Osten war es der Nationalrat und auch die örtlichen Räte. Es gab nur wenig Ausnahmen, die man sich merken musste. So war im Westen nicht der Bund für die Schulen zuständig, sondern die Länder.

Wenn es also etwas zu entscheiden gab, wussten die meisten Menschen, wer dafür zuständig war. Und wenn es ein Thema aus dem eigenen Interessenbereich war, dann interessierte man sich auch für die Debatten darüber. Mit klaren Worten gingen dabei beispielsweise im Westen die Politiker der beiden damals großen Parteien CDU und SPD aufeinander los. Man konnte zwar davon ausgehen, dass sich immer der Wille der gerade regierenden Partei durchsetzte, doch wenigstens blickte man durch, wie eine Entscheidung zustande kam. Und außerdem hatte man ja die Möglichkeit, wenn einem diese Entscheidung überhaupt nicht gefiel, bei der nächsten Wahl die andere Partei zu wählen.

Dann wurde im Jahr 1957 die EWG gegründet, aus der dann später die EG und dann die EU werden sollte. Das W in EWG stand für „Wirtschaft", doch nahm man von diesem Aspekt kaum Kenntnis. Vielmehr sah man es in breiten Teilen der Bevölkerung so, dass so kurz nach dem letzten Krieg mit dieser Vereinigung die Freundschaft zwischen den einst verfeindeten Ländern demonstriert werden sollte.

Zu Anfang hatte die EWG nur sechs Mitgliedsstaaten, neben Deutschland waren dies Frankreich, Italien und die Benelux-Staaten. Das war also noch recht überschaubar. Da außer von Treffen der Politiker wenig Aktives von dort zu hören war, störte man sich nicht weiter daran, sondern empfand es im Gegenteil als recht positiv, da hierdurch die Zeichen dafür gesetzt wurden, dass nun eine friedliche Zeit beginnt.

Viele Jahre blieb es so, die Gemeinschaft war einfach irgendetwas Positives, das nebenher lief. Erst wieder in der Mitte der 80er-Jahre kam Bewegung hinein. Denn nachdem schon 1973 Großbritannien dazugekommen war, stießen nun innerhalb von rund zehn Jahren gleich acht weitere Staaten dazu. Insgesamt waren nun fünfzehn Länder dort Mitglied.

Außerdem wurde 1985 das Schengen-Abkommen verabschiedet, dass als wichtigsten Punkt vorsah, dass die Staaten, die es unterzeichneten, künftig auf sichtbare Grenzen und Kontrollen zwischen den teilnehmenden Staaten verzichteten. Dies war natürlich ein gravierender Einschnitt, war es doch so etwas wie ein erster Abschied vom Nationalstaatsdenken, das viele Jahrhunderte vorgeherrscht hatte. Doch es gab eine lange Vorlaufphase, in der sich die Bevölkerung daran gewöhnen konnte. Erst zehn Jahre später trat das Abkommen endgültig in Kraft und die sichtbaren Grenzen mit ihren Schlagbäumen verschwanden.

Nun begann man in der Bevölkerung zu spüren, dass es doch Bereiche gab, in denen die Vereinigung Einfluss auf das tatsächliche Leben nahm. Mit dem Auto über Frankreich nach Italien, ohne einmal an einer Grenze in einer Schlange stehen zu müssen, war aber natürlich eine Erleichterung, die also nicht als Nachteil gesehen wurde.

Doch in dieser Zeit gab es auch schon weitere Dinge, bei denen man mitbekam, dass die EU, die sich in der 90er-Jahren inzwischen als Nachfolge von EWG und EG gebildet hatte, auch in anderen Bereichen Einfluss nahm. Teils waren dies Bereiche, die nur wenige direkt betrafen, wie zum Beispiel der Bergbau. Ganz nah rückte die EU bei der Landwirtschaft. Ihre Entscheidungen bestimmten künftig über den Fleisch-, Milch- oder Getreidepreis, und jeder spürte diese Entscheidungen, wenn er sich die Preise im Supermarkt ansah. Diese sanken zwar häufig, doch führte dies dann zu Protesten der Landwirte, die sich durch die Entscheidungen der EU und die dadurch niedrigen Preise in Existenznöten sahen.

Die EU rückte also näher ans eigene Leben, ganz langsam zwar, aber man spürte es bereits.

1998 kam dann der nächste große Schritt, es wurde die Einführung des Euro beschlossen. Eine gemeinschaftliche Währung war zwar schon lange ein Traum mancher Politiker, doch klang das immer so unerfüllbar wie der Wunsch nach dauerhaftem Frieden auf der Welt. Scheinbar ganz plötzlich schien diese Utopie zur Realität zu werden und ebenfalls für Außenstehende in rasantem Tempo wurden Entscheidungen getroffen.

Es war Helmut Kohl, der den Druck ausübte, weil er sich so in den Geschichtsbüchern verewigt sehen wollte. Es war abzusehen, dass seine damals schon recht lange während Amtszeit nicht mehr ewig weitergehen würde, und so setzte er großen Zeitdruck in die Verhandlungen. Es war dies eine große Entscheidung für die Bevölkerung. Man gab seine eigene Währung auf und bekam eine neue, deren Wohl und Wehe nicht mehr von der Führung des eigenen Landes abhing. Und bei einer so wichtigen Entscheidung gab es nicht mehr zehn Jahre Vorlauf wie beim Schengen-Abkommen, sondern nur noch drei. Schon 2002 war der Euro verbindlich eingeführt.

Nun ging es scheinbar Schlag auf Schlag. Inzwischen hatte 1989 der Kalte Krieg mit der Maueröffnung ein Ende. Dies geschah zur Freude vieler Menschen hier, und die ersten zehn Jahre wurden genutzt, um eine vernünftige Beziehung zu den einst verfeindeten Staaten aufzubauen. Und dann, im ersten Jahrzehnt des neuen Jahrtausends wurden viele dieser Staaten Mitglied in der EU, so dass es heute 28 Staaten sind. Einige übernahmen auch den Euro und hatten fortan somit auch Einfluss auf dessen Geschicke.

Und gleichzeitig bekam man immer mehr mit, bei wie vielen Bereichen die EU inzwischen ein Mitsprache- oder gar Entscheidungsrecht hatte. Da war auf einmal ein Binnenmarkt unter dem sich kaum jemand etwas Konkretes vorstellen konnte. Bei immer mehr Bereichen hörte man davon, dass die eigene Regierung Entscheidungen traf, die dann von der EU gestoppt wurden. Man spürte den inzwischen großen Einfluss der Vereinigung, ohne sie jedoch greifen zu können.

Inzwischen war diese EU zu einem Gebilde herangereift, dass kaum jemand verstand. Da gab es den Europäischen Rat, ein Parlament und Kommissionen mit Kommissaren. Wahrscheinlich sind in Deutschland nur weniger als zehn Prozent der Bevölkerung in der Lage, zu erklären, welche Aufgaben diese einzelnen Teile zu erfüllen haben. Vermutlich wurde dies einmal bei der Gründung in den Nachrichtensendungen gesagt, doch das war lange her und zu einer Zeit, als man als einfacher Bürger noch nicht damit rechnete, dass die EU einmal soviel Einfluss haben wird.

So hört man also immer nur, dass die EU mal wieder eine Entscheidung gefällt hat, doch welches Organ dafür zuständig war, welche Personen damit betraut waren und wie in der Diskussion die Gründe waren, erfährt man nicht oder nur auf sehr schwierigen Weg, indem man sich beispielsweise die Protokolle ansieht. Es gibt sie nicht mehr, die Bundestagssitzungen, in denen nach heftiger Diskussion Entscheidungen getroffen werden. Dies scheint für viele Menschen heute hinter verschlossenen Türen stattzufinden.

Und dann gab es da auch auf einmal den Europäischen Gerichtshof. Kaum jemand wird aus dem Stegreif sagen können, wie und wann er entstanden ist. War es bisher so, dass man bei den Gerichten bis hoch zu den obersten deutschen Gerichten streiten konnte, wo dann die letztendlich gültige und meist als gerecht empfundene Entscheidung getroffen wurde, war da auf einmal noch eine Gerichtsstufe oben drüber, die diese Entscheidung dann wieder kippen konnte. Und kaum jemand hatte gesehen, woher dieses Gericht kam und wer es eingesetzt hatte.

Zunehmend greift die EU also in unser Leben ein. Es heißt, dass schon mehr als die Hälfte aller für uns relevanten Entscheidungen letztendlich dort getroffen werden. Und bei einem großen Teil des Restes hat die europäische Gerichtsbarkeit auch noch beim Recht mitzusprechen und kann sogar Entscheidungen kippen.

Und diese Entscheidungen werden getroffen in Einrichtungen, die vom Großteil der Bürger nicht verstanden werden. Auch die meisten Personen, die dahinter stecken, kennt man nicht. Inzwischen kennt man zwar einige Namen in der EU, doch sind dies meist Personen, die sich vor jedes Mikrofon drängen. Auch bei ihnen kann jedoch kaum jemand sagen, welches Amt sie innehaben und was damit verbunden ist. Die eigentlichen Entscheidungen scheinen im Dunkeln zu bleiben in in dubiosen Hinterzimmern entschieden zu werden.

Nun hat man natürlich die Möglichkeit bei Wahlen Einfluss zu nehmen. Doch kaum jemand weiß, für was er da eigentlich wählt. Wer weiß, dass es das Parlament ist, das gewählt wird, weiß aber häufig nicht, für was dieses eigentlich zuständig ist. Kaum jemand hat einmal von einer der dortigen Entscheidungen gehört und wie das Stimmenverhältnis war. Also bleiben noch Personen oder Parteien zu wählen. Doch kaum jemand kennt die Gesichter, die von den Plakaten lächeln. Und bei den Parteien verhält es sich ähnlich. Man könnte sich zwar an den deutschen Parteien orientieren, doch passt das nicht ganz. Im EU-Parlament schließen sich unterschiedliche Parteien zu einem Verbund zusammen, ohne dass man alle teilnehmenden Parteien der anderen Länder kennt. Außerdem würde man sich an dem orientieren, was diese Parteien in Deutschland vertreten und nicht an ihrer Ausrichtung in der EU. Und wer dieses Problem erkennt, ist oft trotzdem nicht in der Lage, zu sagen, für was die Partei innerhalb Europas eintritt. Man sieht ja nur die unbekannten Gesichter auf den Plakaten und sonst nichts.

Bei soviel Unklarheit über Tätigkeiten und Zuständigkeiten der EU fällt es Parteien, die hierzu etwas Kritisches sagen, also leicht, Gefolgschaft zu finden. Die Menschen, die diese in ihr eigenes Leben eingreifende Politik nicht mehr verstehen und so erst zu Nicht-, später gelegentlich zu Protestwählern werden, fühlten sich auf einmal verstanden. Wenn jemand gegen „die da oben“, die „ja doch machen was sie wollen“ wettert, und sei es auch noch so undifferenziert, wird er unter den Unzufriedenen leicht zu Gefolgschaft kommen.

Auf diesen Zug ist auch die AfD aufgesprungen. Ihre eigentlich schon immer rechts angelegten Ziele, verdeckte sie durch Aussagen zur EU. So wurde die Abschaffung des Euro gefordert, aber auch eine Rückführung des Status Quo auf einen Stand von vor einigen Jahren. Diese Forderung verstand der Mensch, der die EU nicht mehr verstand, denn zu der Zeit, zu der es zurückgehen sollte, verstand er die europäische Vereinigung noch.

Ob dies politisch und gesellschaftlich sinnvoll ist, steht auf einem anderen Blatt. Dies hält die AfD im Dunkeln genau wie ihre sonstigen eigentlichen Ansinnen. Ihr genügt, dem Unverständnis zur EU Worte zu verleihen und viele Wähler hinter sich zu ziehen, die sich in der Welt der europäischen Politik nicht mehr zurechtfinden.

Globalisierung

Nicht anders als beim Thema EU verhält es sich beim Thema Globalisierung. Auch diese war auf einmal irgendwie einfach da. Auch hier wurde nie erklärt, welche Vorteile aber auch welche Risiken sich damit verbinden. Wenn nun also jemand daherkommt und nur die negativen Folgen auflistet, so wie es von den Rechtspopulisten getan wird, erweckt dies bei vielen den Eindruck, dass endlich einmal jemand etwas dazu sagt.

Denn nicht erst seitdem das Internet in unser aller Leben getreten ist, werden viele alltägliche Dinge immer internationaler. Schon vorher war es so, dass deutsche Unternehmen in praktisch alle Länder der Welt verkauften und auch dort einkauften. Zudem war es auch schon vor dem Internet so, dass Unternehmen im Ausland produzieren ließen, zum Beispiel in der Textil- oder in der Autoindustrie.

Einige Dinge in der jüngeren Geschichte haben diese Entwicklung gefördert. Da war die Erfindung des Telefons, durch das man mit potentiellen Geschäftspartnern in Echtzeit kommunizieren kann. Dann kam die rasante Entwicklung im Flugverkehr hinzu, die es ermöglicht, dass man heute praktisch jeden Ort der Welt in akzeptabler Zeit erreichen kann, und dass es nicht mehr bis zu einigen Wochen dauert, um mit dem Schiff irgendwohin zu kommen. Wer will kann sich heute morgens in

Deutschland in ein Flugzeug setzen, hat dann ein Geschäftsessen in New York und ist noch am gleichen Tag wieder zurück. Zuletzt kamen noch die Container hinzu. Vor deren Erfindung musste man so viel Waren zu transportieren haben, dass man damit ein ganzes Schiff befüllen konnte. Konnte man dies nicht leisten, war kaum ein Platz auf einem Transportschiff zu bekommen. Erst durch die stapelbaren Container und die dazu maßgeschneiderten Schiffe, ist es möglich, Waren in jedweder Größenordnung zwischen den Kontinenten zu transportieren. Das Internet bildete bei der Internationalisierung also nur noch einen weiteren Schritt.

Jedoch ist uns dies kaum aufgefallen, so lange wir nicht auch in unserem privaten Leben rund um die Uhr mit Menschen rund um die Welt kommunizieren konnten. Erst das Internet machte uns also deutlich, wie nah die Welt rund um den Globus inzwischen herangerückt war. Vorher sahen wir zwar immer wieder in einem T-Shirt oder auf einem Elektrogerät Hinweise wie „Made in India“, doch machte sich kaum jemand wirklich Gedanken darüber. Erst als wir dann selbst sahen, wie leicht es ist, über das Internet mit jemand Kontakt zu halten, bemerkten wir, dass es so etwas wie Globalisierung gibt.

Mit nahezu jedem Land auf der Welt sind solche Kontakte möglich. Das gerade dort herrschende politische System scheint keine Rolle zu spielen. Wer will, informiert sich auf den Webseiten einer terroristischen Vereinigung in der arabischen Welt, oder er schaut wie das Wetter in der Mongolei ist, oder man ist mit jemand im sozialistischen Kuba befreundet und tauscht regelmäßig Nachrichten aus. Erst jetzt wurde uns bewusst, wie nahe auf der Karte weit entfernte Länder inzwischen tatsächlich gerückt waren.

Eine Zeit lang bereitete es Freude, zu sehen, was auch dem einfachen und nicht so sehr mit Geld verwöhnten Menschen inzwischen möglich war. Je mehr wir jedoch daran teilnahmen, erkannten wir aber auch einiges drumherum.

Auch das sonstige Weltgeschehen rückte immer näher. Früher bestanden die Nachrichten zum Beispiel der Tagesschau zu achtzig Prozent aus Inlandsnachrichten, der Rest betraf die internationale Politik in den für uns wichtigsten Ländern und ein kleiner Rest war nur sonstigen Ereignissen in der Welt gewidmet, wie beispielsweise einem Unglück in einem fernen asiatischen Land. Oft erreichten uns solche Meldungen dabei sogar erst einen oder mehrere Tage später.

Diese Zeiten verkürzten sich schnell und deutlich. Auch die Menge der Nachrichten, die uns überhaupt erreichte, stieg deutlich. So stieg der Anteil der internationalen Meldungen in den Nachrichtensendungen deutlich an. Auch die Zeit, bis diese zu uns gelangten verkürzte sich dramatisch. Heute wundert sich niemand mehr, wenn in Afrika ein Flugzeug von den Radarschirmen verschwindet, und wir hier in Deutschland schon davon hören, bevor es überhaupt gefunden wurde, und ein befürchteter Absturz bestätigt wurde.

Dies hat zu einem Wettkampf geführt, wer solche Meldung zuerst veröffentlicht. Es gibt sogar Menschen, denen dies immer noch nicht schnell genug geht, und die mehr oder weniger fordern, dass man schon mit einer Erstmeldung aus einem fernen Land schon eine abschließende Analyse zu liefern habe. Dass diese Forderung nach Schnelligkeit im Sinne von Qualität weder für die Nachrichtendienste noch für den Leser von Vorteil ist, steht auf einem anderen Blatt und soll hier nicht weiter vertieft werden.

Dennoch sieht man daran, dass auch diese Nachrichtenthemen aus anderen Regionen der Welt wahrgenommen werden, dass es also ein Interesse daran gibt. Ob dieses Interesse von den Medien produziert wurde oder bereits vorher schon in den Konsumenten der Veröffentlichungen vorhanden war, steht auf einem anderen Blatt und soll hier nicht weiter hinterfragt werden.

Doch mit den persönlichen Kontakten in die Welt und den schnell verfügbaren Informationen von dort, kamen noch viel mehr Eindrücke zu uns. Auf einmal sahen wir, was dieses „Made in India" bedeutet, es war nun ein Land, mit dem wir auch in Berührung kamen. Wir hörten Nachrichten von dort, erfuhren, was ein Mensch dort verdient oder wie die politischen Verhältnisse dort sind. Und natürlich spielte sich dies nicht nur in Indien ab, sondern auch in vielen anderen Ländern der Welt mit vollkommen unterschiedlichen Systemen.

Hinzu kam, dass wir auf einmal auch praktisch in Echtzeit sehen konnten, was politisch in der Welt passiert. Und wir mussten erkennen, dass es da Systeme gibt, die nicht im Geringsten das verkörperten, was wir für gut, gerecht und richtig hielten. Obwohl dieses Land so nah scheint, gibt es nicht die kleinste Chance auf die Entwicklung dort einzugreifen, noch nicht einmal durch ein Kreuz bei einer Wahl.

Auch konnten wir nun deutlich sehen, warum die Unternehmen aus Deutschland Teile ihrer Produktion in weit entfernte Länder ausgelagert hatten. Es gab aus ihrer Sicht dort bessere Bedingungen wie niedrigere Löhne oder Steuersätze. Das war uns zwar schon vorher bewusst, doch nun rückte dies im Zusammenhang mit den sonstigen Bedingungen im Land viel näher an uns heran. Wir sahen deutlich, dass es den Unternehmen nur auf den eigenen Vorteil ankam. Wir sahen, dass dies schon lange so gehandhabt wurde, und auch, dass die hiesige Politik dies gesehen haben muss und nichts unternommen hat, um gegenzusteuern. Jeder kannte Arbeitslose, die wegen dieser Unternehmenspolitik hier keine Chance mehr hatten, da sie etwas gelernt hatten, dass nun nicht mehr gebraucht wurde und sie inzwischen zu alt für einen Wechsel waren.

Immer mehr erfuhren wir von internationaler Politik und wie sich die Unternehmen dies zunutze machten. Und immer deprimierter wurden wir durch diese Informationen. Wir sahen, dass jeder durch Geld oder Macht die Möglichkeit hatte, sich die Verkleinerung der Welt zunutze machen konnte und dies auch tat. Das was für uns neu war, die Kommunikation quer durch die Welt, rückte dagegen in den Hintergrund, da sie neben einer kurzfristigeren Unterhaltung kaum etwas an Mehrwert für unser Leben brachte. Lediglich die Unternehmen scheinen davon nach Belieben zu profitieren.

Auch hier gibt es wieder das Problem, das uns schon durch einige Kapitel begleitet hat und das uns auch in der Folge nicht verlassen wird. Niemand erklärt irgendetwas. Quasi von einem auf den anderen Tag ist die Globalisierung für den größten Teil der Bevölkerung da und beeinflusst deren Leben entscheidend. Telefon, Strom, Eisenbahn und andere wichtige Entwicklungen kamen langsam, und es dauerte oft Jahrzehnte, bis eine Region daran teilhaben konnte. Das Internet und damit die sichtbare Globalisierung kam für alle quasi von heute auf morgen.

Durch die Globalisierung sind immer mehr internationale Mega-Konzerne entstanden und nach vorne gekommen, und es ist abzusehen, dass es noch mehr geben wird. Schon die früheren nationalen Großkonzerne haben dazu geführt, dass viele inhabergeführte Geschäfte verschwunden sind. Diese Entwicklung wird sich nun durch die Internationalisierung noch verstärken. Doch gerade diese kleinen Geschäfte waren früher für viele Menschen der Kontakt „nach oben“, zur Welt der Unternehmer und Geschäftsleute. Gerade dieser Kontakt ist nun nahezu vollkommen weggebrochen. Die Welt wird ihm nun zunehmend fremd, und er wird misstrauisch.

Die Regierung eines Staates ist nicht nur dazu da, irgendetwas zur Verfügung zu stellen und sich ansonsten um die Abwicklung der Staatsgeschäfte, wie Einziehung von Steuern oder der Kontrolle der Regeln zu kümmern, sondern auch dazu, Sorge zu tragen, dass sich alle Menschen im Land sicher und aufgehoben fühlen. Dies geht nicht, indem man solche Dinge wie die aufkommende Globalisierung einfach geschehen lässt, ohne der Bevölkerung die Vorteile, aber auch die Risiken zu erläutern. Es bedarf hier Maßnahmen, die bisher fahrlässig unterblieben sind und sehr entscheidend zur angstvollen Unzufriedenheit beigetragen haben.

Auch jetzt geht dies noch. Doch es reicht natürlich nicht zu sagen, dass es diese Globalisierung nun mal gibt und dass man sich damit zurechtzufinden habe. Deutlich mehr muss hier geschehen. Die Regeln innerhalb Deutschlands sind inzwischen von vielen nicht mehr verstanden, diese und die internationalen Regeln müssen nun von den jetzigen Volksvertretern erklärt werden, sonst verdienen sie diese Bezeichnung nicht.

Internationale Großkonzerne

Früher, und das ist noch gar nicht so lange her, machte man in einem Betrieb eine Ausbildung und blieb dann. Wenn nichts dazwischen kam und man nicht umzog, konnte es gut sein, dass man bis zur Rente in diesem Betrieb blieb. Ich kenne und kannte viele aus der Generation vor mir, denen es so ging. So hat zum Beispiel mein Großvater kurz vor dem Renteneintritt sein fünfzigjähriges Dienstjubiläum in dem Unternehmen gefeiert, in dem er seit seiner Jugend arbeitete.

Im Großen und Ganzen ging es den Leuten gut damit. Die Chefs waren zwar streng aber gerecht, und wenn man nicht allzu sehr über die Stränge schlug, hatte man nichts zu befürchten. Wenn man nur lange genug blieb, hatte man auch gute Chancen aufzusteigen, vielleicht wurde man Vorarbeiter oder Büroleiter. Und wer viel Glück hatte und gute Leistungen vorweisen konnte, konnte es möglicherweise bei mittelgroßen Betrieben bis in die Nähe der Geschäftsleitung schaffen.

Man lebte also in der Sicherheit. Im Laufe des Arbeitslebens stieg das Einkommen immer wieder, und man konnte sich irgendwann sogar Geld für besondere Anschaffungen oder für das Alter zurücklegen. Wer wollte, konnte sich ein Haus bauen und war wegen der Sicherheit des Arbeitsplatzes auch sicher, dass er den dafür aufgenommenen Kredit auch zurückzahlen konnte.

Auch das Verhältnis zum Chef war gut, denn dieser fühlte sich nicht nur seinem Unternehmen gegenüber verpflichtet, sondern auch gegenüber seinen Beschäftigten. Es war nichts Besonderes, wenn man mit privaten Problemen zu ihm ging und ihn um Rat fragte. Für den Chef war es dann eine Selbstverständlichkeit, zu helfen, wenn es ihm möglich war.

Dies alles begann sich etwa ab den 70er-Jahren des letzten Jahrhunderts zu ändern. Es war die Zeit, als immer mehr Computer in die Betriebe Einzug hielten. Die gab es zwar vorher schon, doch waren sie einerseits noch nicht so verbreitet, und andererseits ergaben sich durch sie noch nicht so viele Möglichkeiten. Es handelte sich bestenfalls um so etwas wie gute Maschinen.

Doch nun änderte sich dies. Mit dem Aufkommen der PCs (Personal Computer) war es möglich, vieles zu automatisieren, das vorher von Hand gemacht wurde. Archive wurden im Computer geführt und nicht mehr in riesigen Ordnerwänden. Um früher etwas nachzuschlagen, musste man zu diesen Ordnern und lange blättern, bis man das Gewünschte fand. In großen Betrieben gab es spezielles Personal, das nur zu diesem Zweck eingestellt war. Jetzt genügte ein Knopfdruck.

Die Betriebe erkannten natürlich ihre Chancen und sahen, dass man durch die Computer einiges an Personal einsparen konnte. Davon wurde natürlich auch Gebrauch gemacht, sonst hätte man vielleicht die Chance verspielt, konkurrenzfähig zu bleiben. Es begann die Zeit, in der das Fürsorgegefühl der Geschäftsleitung gegenüber dem Personal schwand. Fortan war Personal ein Wirtschaftsgut und ähnlich den Maschinen angesehen. Man erkannte, dass man seinen Gewinn steigern konnte, wenn man am Wirtschaftsgut Personal spart. Und man begann zu überlegen, wie man hier vielleicht sogar noch mehr sparen könnte.

Seitens Politik und Gewerkschaften reagierte man nicht. Viele erkannten das Problem gar nicht, das sich ab nun immer mehr aufbauen sollte. Die Gewerkschaften gingen ihre altbekannten Wege und forderten mehr Lohn oder griffen in Einzelfällen ein, um einem Mitglied zu helfen. Lediglich der damals stark geführte Kampf um die 35-Stunden-Woche deutete darauf hin, dass man zumindest ansatzweise versuchte, zu reagieren.

Die Politiker, die eigentlich in solchen Fragen neutral sein sollten, bezogen jedoch deutlich gegen diese Forderung nach Arbeitszeitverkürzung Stellung. Auch sonst schien sie für die Arbeiter keine Veränderung zu sehen, keine Äußerung deutete darauf hin. Stattdessen wurden die Erfolge der Unternehmen gefeiert, es gab sogar von diesen Politikern den Wunsch, dass die Unternehmen sich weiter modernisieren sollten. Von den Arbeitern sprach niemand.

So unterstützt machten die Betriebe dann tatsächlich weiter mit den Rationalisierungen beim Personal. Man merkte, dass es tatsächlich kostengünstiger ist. Man begann damit einzelne Unternehmensbereiche in tariflose Firmen auszulagern, entweder an eigene Subunternehmen oder gar an externe Firmen. Vor allem im kaufmännischen Bereich machte man davon Gebrauch. Die Arbeitnehmer arbeiteten zwar immer noch ausschließlich für ihr Unternehmen, doch waren sie diesem nicht mehr unterstellt, sondern dem beauftragten Unternehmen.

Bis dahin hatte Glück, wer in einem großen Unternehmen arbeitete. Neben der bis dahin geltenden Sicherheit, wenn man noch einen Job hatte, waren bei einigen dieser Großunternehmen Sondertarifverträge ausgehandelt worden, die den eigenen Mitarbeitern einige Vorzüge boten. So verdienten dieser Beschäftigten dort häufig mehr, und das, obwohl sie teilweise in der Woche sogar weniger Arbeitsstunden zu leisten hatten.

Dies alles endete nun damit, dass immer mehr ausgelagert wurde. Dann arbeitete man nicht mehr bei dem Großunternehmen selbst, sondern bei einem kleinen externen Betrieb. Und in diesem galten die Abmachungen für die Mitarbeiter des großen Unternehmens natürlich nicht mehr. Von einem auf den anderen Tag konnte es also sein, dass man trotz verlängerter Arbeitszeit sogar weniger verdiente.

Dieses Prinzip wurde immer weiter ausgeweitet. Irgendwann begann die Zeit, wo es nicht mehr nur kaufmännische Bereiche betraf, sondern auf alle Bereiche des Betriebes übergriff. Und auch die Subunternehmen, die ja ausschließlich aus Profitgründen entstanden waren, lagerten selbst wieder einige Bereiche in andere Subunternehmen aus.

Irgendwann konnte man eine Kette von Unternehmen bilden, bis man von seinem jetzigen Arbeitgeber zum Unternehmen kam, für das man letztendlich arbeitete. Es konnte sogar passieren, dass man mit einem Kollegen im gleichen Büro saß, dieser aber für ein ganz anderes Unternehmen arbeitete und dessen Lohnhöhe anders als die eigene war. Und dies, obwohl man sogar gleiche oder ähnliche Arbeit verrichtete. Die Subunternehmen waren dabei sehr kreativ und gaben einem der beiden beispielsweise einfach eine andere Berufsbezeichnung als dem anderen.

Auch jetzt reagierte die Politik nicht. Sie muss das Problem für die Arbeitnehmer gesehen haben, doch man sagte nichts dazu, und schon gar nicht unternahm man etwas. Die Gewerkschaften waren schon klein und hatten nicht mehr die Kraft von früher. Die Subunternehmer achteten darauf, dass, wenn überhaupt, nur ein nicht relevanter Anteil der Beschäftigten organisiert waren.

Unternehmen und deren Subunternehmen trieben das Spiel noch weiter. Es bildeten sich Leiharbeitsfirmen, die zu einem großen Teil sogar durch das Arbeitsamt direkt oder indirekt gefördert wurden. Es gab sogar verbreitet Fälle, bei denen das Jobcenter Arbeitsuchende in solche Arbeitsverhältnisse hineinzwang und ihnen drohte, bei Nichtannahme das Geld zu sperren. Hier hatten die Arbeitnehmer praktisch keine Möglichkeit mehr, sich zu organisieren. Man gehörte keinem bestimmten Berufszweig mehr an, denn man wurde einmal hier und dann dort zu einer jeweils ganz anderen Tätigkeit eingesetzt.

Von einem Arbeitsplatz, den man von der Ausbildung bis zur Rente innehatte, war man inzwischen weit entfernt. Praktisch gab es das nicht mehr. Die Sub- und Leihunternehmen sahen nur den Profit, und wenn diesem ein oder gar viele Arbeitnehmer im Weg standen, entließ man sie eben. So blieben die meisten Beschäftigten nur noch kurze Zeit in einem Unternehmen, dann wurde man arbeitslos und musste sich einen neuen Job suchen. Oft ging das nicht mehr im alten Beruf und man sah sich genötigt, in einem anderen Bereich zu suchen und zu arbeiten. Viele blieben auch ganz auf der Strecke und wurden zu einem der sogenannten Langzeitarbeitslosen, von denen seit jener Zeit immer mehr gesprochen wurde. War man, wie die meisten Menschen kein Akademiker, war es äußerst unwahrscheinlich, dass man mit dem gleichen Beruf zum Rentner wurde, zu dem man einst eine Ausbildung gemacht hatte.

Nun hatten also viele Arbeitnehmer keine Aussicht mehr auf einen sicheren Job, das persönliche Verhältnis zum Unternehmen und dessen Leitung gab es ebenfalls nicht mehr und auch für ihre Rechte wurde immer weniger getan, da die Gewerkschaften immer mehr geschwächt und ausgehebelt waren. Wäre nun wenigstens die Bezahlung ansprechend, hätte man zumindest da einen Ausgleich sehen können, doch dem war nicht so.

Die Großunternehmen hatten Bereiche ausgegliedert, um Kosten zu sparen, doch dadurch wurde ja die Arbeit nicht weniger. Also waren es letztendlich genauso viele Arbeitnehmer, die sich eben weniger Geld teilen sollten. Und da auch die Subunternehmer Geld verdienen wollten, blieb noch weniger für diese Arbeitnehmer übrig. Und umso mehr Sub- und Leihunternehmen dazwischen geschaltet waren und auch etwas vom Kuchen haben wollten, desto weniger blieb schlussendlich für diejenigen, die tatsächlich die Arbeit verrichteten. Auch hier tat die Politik nichts für die Arbeitnehmer. Man freute sich stattdessen über gesunde Unternehmen und niedrige Arbeitslosenzahlen. Da nun die Zeit begann, wo ein einfacher Lohn bei vielen Familien nicht mehr reichte, um sein Leben finanzieren zu können, nahmen immer mehr Menschen Zweit- oder gar Drittjobs an, um überhaupt die Grundbedürfnisse stillen zu können.

Wer nun glaubte, dass die Spirale nach unten den Boden erreicht hatte, brauchte nur auf die Verbreitung des Internets zu warten. Denn nun bildeten sich internationale Großkonzerne, die weltweit agierten. Diese verstanden von Anfang an, all dies auszunutzen, was all die schon existierenden nationalen Unternehmen an Sparmodellen erfunden und entwickelt hatten.

Doch hier kam noch hinzu, dass diese Unternehmen ihren Sitz im Ausland haben. Mit diesen ausländischen Firmen schloss man also ab nun seinen Arbeitsvertrag. Dies hatte aus der Sicht der Unternehmen nicht nur Steuergründe. Wenn es um Arbeitnehmerrechte ging, war es, auch mangels Gewerkschaften immer schwieriger gegen wahre oder vermeintliche Ungerechtigkeiten vorzugehen. Von den Unternehmen kam hierzu ein „friss oder stirb" oder anders ausgedrückt, man hatte den Job zu den möglicherweise ausbeuterischen Bedingungen des Unternehmens anzunehmen oder es zu lassen. Als Arbeitnehmer war man also endgültig nicht mehr in der Fürsorge eines Unternehmens sondern dessen Eigentum, über das dann beliebig verfügt werden konnte.

Die Entwicklung ging immer schneller. Immer mehr standen nur noch die Rechte der Unternehmen im Mittelpunkt, während die Rechte der Arbeitnehmer immer weiter beschnitten wurden. Man war sogar so dreist, Solidarität mit den Unternehmen zu fordern, indem man auf Lohnerhöhungen verzichtet. Auch der Buß- und Bettag wurde deswegen als arbeitsfreier Tag abgeschafft. Die Spitzen dieser Unternehmen waren nur noch an einer Geldvermehrung interessiert, die natürlich auch noch in sehr kurzer Zeit erfolgen sollte. Das Wort vom Turbokapitalismus entstand und beschreibt dies sehr treffend.

Viele Jahrzehnte haben in der Vergangenheit die Arbeier für die Rechte ihrer Zunft gekämpft. Teilweise war dieser Kampf blutig, doch letztendlich haben sie einiges erreicht. Gerade sind wir dabei, dass die Großkonzerne diese Rechte immer weiter zurückdrängen und dabei noch von der Politik unterstützt werden.

Und wie immer regte sich nichts dazu in der Politik. Niemand, egal welcher Partei zugehörig, schien daran interessiert, den Unternehmen endlich Einhalt zu gebieten. Im Gegenteil, man freute sich immer noch über gute Unternehmens- und niedrige Arbeitslosenzahlen. Man hob hervor, dass schon lange nicht mehr so viele offene Stellen gegeben hätte. Dass dabei so viele in sogenannten prekären Arbeitsverhältnissen waren und man nur mit zwei oder drei solcher Jobs ein einigermaßen akzeptables Leben führen konnte, wurde nicht gesagt. Und nur am Rande, doch ohne jedwede Konsequenzen wurde gesagt, dass es sehr viele Menschen gab, die nur weiter leben konnten, wenn sie neben ihrem Vollzeitjob noch Unterstützung vom Jobcenter erhielten. Nicht wenige versuchten es mit Selbstständigkeit, doch für neunzig Prozent war dies von vorneherein zum Scheitern verurteilt. Wenn überhaupt, verdiente man sich ein paar Euro hinzu. So hatten denn viele nun einen Vollzeitjob, versuchten sich nebenbei als Selbstständiger etwas Geld zu verdienen und brauchten trotzdem weiter öffentliche Unterstützung.

Dies also ist die Lage in der viele Menschen heute stecken. Nie gab es Reaktionen von der Politik, von Maßnahmen, die dem entgegenwirkten oder die Entwicklung für diese Arbeitnehmer entschärfte, ganz zu schweigen. Wer nicht Akademiker ist, ist fast zwangsläufig davon betroffen. Die Entwicklung dahin ging so schnell, dass viele die alte Arbeitswelt noch miterlebt haben. Wer älter ist, hat vielleicht den ganzen Niedergang des Arbeitnehmerstandes miterlebt, mit all seinen zwischenzeitlichen Zeiten der Arbeitslosigkeit, der zunehmenden Unsicherheit und den abnehmenden Löhnen, der immer weniger zum Leben reichte. Wer jünger ist, sieht vielleicht diese ganze Entwicklung nicht, doch er erkennt, dass er ganz am Ende der Schlange mit seinem Arbeitsleben beginnt, also quasi ohne Rechte, für einen Lohn, der nicht zum Leben reicht und dass es trotzdem sein kann, dass er urplötzlich als Arbeitnehmer einfach entsorgt wird und er sich dann zu den Arbeitslosen zu zählen hat, womöglich mit der Perspektive, mit etwas ganz anderem wieder bei Null anfangen zu müssen.

Lange haben die Arbeitnehmer hierzu geschwiegen. Einzelne erkannten es womöglich schon sehr früh, vielleicht sogar schon in den 70er-Jahren, als all dieses begann. Doch sie waren zu wenige, um wahrgenommen zu werden. Später als man erkannte, dass das Problem für die Arbeitnehmer immer größer wurde und dass die Entwicklung auch nicht von alleine wieder umkehren würde, versuchten sich die Gewerkschaften endlich, doch etwas zu tun. Doch sie waren inzwischen durch die vielen Kniffe der Arbeitgeber und durch eigene Fehler und Unzulänglichkeiten so geschwächt, dass sie nichts mehr bewirken konnten.

Die Großkonzerne breiteten sich in vielen Bereichen aus. In manchen Fußgängerzonen und Einkaufszentren gab es bald keine inhabergeführten Geschäfte mehr. Alle Läden gehörten fortan zu nationalen oder internationalen Ketten. Auch den klassischen Metzger oder Bäcker gab es bald kaum noch. Auch hier bildeten sich Ketten, oder diese Waren wurden in einem anonymen Supermarkt verkauft. Doch diese kleinen Geschäfte hatten früher eine Aufgabe. Sie waren für den kleinen Bürger der Kontakt nach oben, zwar nicht nach ganz oben, aber nach oben. Dies ist nun vollkommen weggebrochen. Durch die Verbreitung der Großkonzerne und der Ketten hat der normale Bürger diesen Kontakt nach oben also nicht mehr. Diese Welt wird ihm also zunehmend fremder.

Das Problem breitete sich in der Gesellschaft aus. Man begann zu protestieren. Da niemand die große Demonstration veranstaltete, begann man damit, seinen Protest bei Wahlen auszudrücken. Und am deutlichsten musste hier ja ein Protest wahrgenommen werden, wenn man eine der Parteien wählt, die von den etablierten Parteien nicht als Vertreter des Volkes akzeptiert wurde. Dabei ist es dem Protestierenden egal, ob diese Partei links oder rechts zu verorten ist. Das Kontra zählt, und man erfreut sich daran, wenn über die sogenannten Protestwähler diskutiert wird.

Zuerst waren es Parteien von rechts, die die Zeichen erkannten, z.B. STATT-Partei, Republikaner, DVU oder die Schill-Partei. Dann wählte man links. Die Linken waren die Partei, über die man zumindest im Osten seinen Protest ausdrücken wollte. Sie war als Ex-SED verschrien, das genügte, um mit einer Wahl der Partei den Protest gegen die beschriebenen Verhältnisse zu äußern.

Die Parteien zuvor, die von rechts kamen, nutzten zwar den Protest aus, doch ging es dabei nicht darum, den neuen Wählern der Partei zu helfen, sondern darum, das eigene rechte ausländer- und menschenfeindliche Gedankengut unterzubringen. So verschwanden sie nach einer Wahl schnell auch wieder.

Die Linke schien kaum bemerkt zu haben, wer sie denn überhaupt neuerdings wählt. Hätte sie dies wahrgenommen, hätte sie darauf eingehen können und wäre mit Sicherheit gestärkt daraus hervorgegangen. Doch sie tat dies nicht, und so sollte es erst die nächste Partei werden, die sich der Unzufriedenen annahm.

Da war sie dann die AfD, genau genommen ist es also ein Zufall, dass sie genau zu dem Zeitpunkt gegründet wurde, als sich bei den prekären Jobverhältnissen der Unmut immer mehr äußerte und sich ein Ventil suchte. Eigentlich war sie als Akademiker-Partei von Rechtsgerichteten gedacht, doch im Gegensatz zu den Linken erkannte sie schnell die Zeichen der Zeit. Ihre eigentlichen Ziele, zum Beispiel die Abschaffung des Euro ließ man schnell nach hinten rücken. Ihr Programm, das eigentlich den Menschen noch mehr schadet als die gesamte Entwicklung auf dem Arbeitsmarkt zuvor, ließ man immer mehr im Hintergrund verschwinden. Dennoch blieb es ohne Änderungen bestehen, auch als die Protestwähler hinzukamen.

Man bediente fortan die immer größer werdende Masse der Unzufriedenen. Man hat keine Lösungen, aber stellte scheinbar Schuldige an den Pranger. Endlich hat man einen Ort gefunden, an dem demonstrativ gegen die Verhältnisse gesprochen wird. Dass diese Partei zufällig von rechts kam, interessierte die Suchenden nicht. Doch die Strategen der Partei, die sich für die Lohn- und Arbeitsverhältnisse ihrer Mitglieder und Wähler nicht wirklich interessierten, nutzen dies aus, um der Partei zu Bekanntheit zu verhelfen und die Leute zu binden. So werden diese unzufriedenen Protestwähler wohl bei dieser Partei bleiben. Vielleicht macht die Partei irgendwann einen groben Fehler und kann danach auch von dieser Klientel nicht mehr gewählt werden. Dann hängt es davon ab, wer in die Fußstapfen tritt. Ob es wieder eine rechte Partei ist, der es nur auf ihr Gedankengut und auf gut bezahlte Jobs ankommt oder vielleicht wieder eine Partei von links, die, wenn sie denn bemerkt, wer sie wählt, sicher wahrscheinlich besser zur Verwirklichung der Ziele der Unzufriedenen beitragen kann.

Fehlende Konturen in der Politik

Mit dem Aufkommen der Nachkriegsdemokratie etablierten sich mit der SPD und der CDU zwei große Parteien. Bei beiden war klar, für was sie standen. Während sich die CDU für einen starken Staat und für eine Stärkung der Wirtschaft einsetzte, stand die SPD für Bürger- und Arbeiterrechte, wohinter nach ihrer Meinung nach auch einmal die Rechte der Unternehmen zurückstehen sollten.

Dann gab es noch die FDP, die von 1949 bis 2013 durchgehend im Parlament vertreten war. Sie setzte sich für den Mittelstand ein und erwartete, dass man diesem mehr Rechte und Möglichkeiten einräumen müsste. Da die angesprochene Klientel anteilsmäßig nicht sehr groß war, erhielt die Partei auch nie viele Stimmen.

Schließlich kamen in den 80er-Jahren noch die Grünen hinzu. Wenn man sich an den drei bisherigen Parteien orientierte, hatte sie die größere Nähe zur SPD. Dennoch kamen beide Parteien lange nicht zu einer Koalition zusammen, da die Grünen mit Umweltbewusstsein und Frieden neue Ziele verfolgte und diesbezüglich lange Zeit auch von der SPD nicht ernst genommen wurde.

Soweit war für die interessierten Bürger alles überschaubar. Nahezu jeder konnte sich bei einer dieser Parteien wiederfinden. Wenn auch manchmal nicht alles hundertprozentig passte, so war es doch so, dass man eine Partei fand, die einem am nächsten stand. War man zu achtzig Prozent einer Partei zugetan und haderte mit den letzten zwanzig Prozent, so wählte man sie trotzdem gerne. Die vielleicht insgeheime Hoffnung, dass die Partei ihren Weg vielleicht auch bei den zwanzig Prozent irgendwann noch ändern sollte, sah man zwar immer unerfüllt, aber trotzdem war man mit dem, was die „eigene" Partei ablieferte immer recht zufrieden.

Die Parteien blieben sich in ihrer Ausrichtung treu, und da auch die Wähler im Laufe ihres Lebens selten ihre grundlegende Meinung änderten, blieb man seiner bevorzugten Partei lange treu. Da war vielleicht mal ein Vertreter, den man nicht sonderlich leiden konnte, doch das war zu verschmerzen. Veränderungen bei der Stimmabgabe ergaben sich bei den Wahlen durch sterbende oder nachwachsende Wähler oder entstanden durch die Behandlung einzelner Themen, bei denen sich möglicherweise eine Partei aus Sicht von Teilen der Bevölkerung einen Missgriff geleistet hatte.

Genauso wie die Parteien waren auch die einzelnen Politiker leicht zuzuordnen. Wenn man ihnen zuhörte, war es leicht festzustellen, welcher Partei sie angehörten. Klar und deutlich bezog man damals bei den Debatten Stellung, und man merkte den Rednern an, dass sie nicht einfach das nachplapperten, was die Partei ihnen vorgab, sondern ihre eigene Meinung vertraten. Und so merkte man auch, dass sie glaubwürdige Vertreter ihrer

Partei waren, die man folglich gerne wählte, damit diese die eigenen Interessen vehement vertreten.

Unvergessen sind Politiker wie Franz-Josef Strauß, Herbert Wehner, Willy Brandt oder Rainer Barzel. Im Gegensatz zu vielen späteren Politikern hat man sie nicht vergessen und weiß auch heute noch, wofür sie standen. Oft wurden sie sehr laut in ihren Reden, wenn es darum ging, die eigene Meinung zu präsentieren. Jeder, der die Ziele eines dieser Politiker teilte, wählte sie gerne und sah den Politiker tatsächlich als Vertreter der eigenen Sache an.

Dies begann sich in der langen Zeit zu ändern, in der Helmut Kohl Bundeskanzler war. Ein Grund dabei war tatsächlich, dass er so lange im Amt war. Natürlich war mit Konrad Adenauer ein Bundeskanzler ähnlich lange im Amt, doch war dies zu einer anderen Zeit. Der letzte Krieg war gerade zu Ende und da war es gut, wenn jemand dauerhaft an der Spitze währte, der sich um die notwendigen Dinge kümmerte. Da waren dann für viele die eigenen Ziele bis zu einem erfolgten Neustart des Landes untergeordnet.

Es war damals so, dass man akzeptierte, wenn die andere Seite die Wahl gewann. Man setzte auf die nächste Wahl und hoffte, dass bis dahin nicht allzu viel Schaden angerichtet wurde. Und wenn dann doch wieder die falsche Partei gewann, so gab es dort inzwischen andere Politiker in den Spitzenpositionen und man hoffte, dass wenigstens dadurch ein kleiner Schritt in eine bessere Richtung gegangen wird.

Doch bei Kohl blieb einfach alles immer gleich. Die Hälfte der Bevölkerung, die statistisch gesehen ja hinter den Zielen der SPD stand, sah für ihre eigenen Ziele keine Zukunftsperspektive mehr. Es schien einfach für immer und ewig so zu bleiben, wie es unter Helmut Kohl und der CDU war.

Die SPD zerrieb sich damals. Unvergessen ist die Phase mit gleich drei Männern an der Spitze: Scharping, Engholm und Lafontaine. Man stritt offen und das nicht nur darüber, wer an der Spitze stehen sollte. Das hatte es zuvor nicht gegeben. Doch nicht nur das: Die drei Männer standen auch für vollkommen unterschiedliche Wege. Keiner der drei stand offenbar noch hinter dem Weg, den die Partei so lange beschritten hatte. Jeder sah einen anderen Weg. Ziel war natürlich, den Dauerkanzler Kohl vom Thron zu stoßen, doch neu war, dass dafür sogar eigene Ziele geopfert werden sollten.

Keiner der drei schaffte es Helmut Kohl abzulösen. Es war schließlich Gerhard Schröder, dem dies gelang. Doch er führte die Demontierung einer der beiden Volksparteien fort. Er vertrat Ziele, die nicht in der Tradition der Partei standen und setzte sie auch durch. Dazu gehört vor allem die Hartz-IV-Gesetzgebung, die Bestandteil seiner Agenda 2010 war. Dieses zu verabschieden wäre eher bei einer CDU-Regierung zu erwarten gewesen, doch er verkaufte es als neuen Weg der SPD.

Doch die Wähler dieser Partei wollten keinen neuen Weg, sie wünschten weiterhin, dass diese weiterhin ihre alten Ziele vertrat. Ziele, weswegen sie diese Partei für lange Zeit treu gewählt hatten. Dies war nun vorbei. Und so kam es wie es kommen musste. Denn bei der nächsten Wahl wurde die Partei nicht wiedergewählt, und es begann die Kanzlerschaft von Angela Merkel.

Schon wieder sollte eine Kanzlerschaft viel zu lange dauern. Auch hier sah die Wählerschaft, die hinter der alten SPD stand, dass sie viel zu lange warten muss, bis sich wenigstens ein klein wenig in ihre Richtung bewegt. Es war immer die gleiche, aus ihrer Sicht falsche Partei am Ruder und auch bei den Spitzenpositionen in der Regierung änderte sich nichts Maßgebliches. Und nun kam noch hinzu, dass man bei der eigenen Partei nicht mehr sah, dass sie die eigenen Ziele vertrat. Als alter SPD-Wähler begann man Angst zu haben, dass da nichts mehr zu sehen ist, das man noch wählen konnte.

Doch auch die anderen Parteien, die eigentlich bei ihrem Weg hätten bleiben können, verließen diesen. So erwirkte die CDU-Kanzlerin nach dem Tsunami in Fukushima das Ende der Atompolitik, SPD und Grüne befürworteten Kriege im mittleren Osten, es gab die erste Koalition von Grünen mit den Erzfeinden von der CDU, und die CDU setzte sich im Namen ihrer Vorsitzenden Merkel dafür ein, gleichgeschlechtliche Partnerschaften gleichzustellen. Ich möchte hier nicht bewertet sehen, welche dieser Schritte richtig oder falsch waren, doch führte dies dazu, dass man die alten Ziele, die durch die Parteien vertreten wurden, nicht mehr in den Aktivitäten wiederfand, die diese unternahmen.

Die Folge war ein massiver Schwund bei der Wahlbeteiligung. Die so lange und treue Verbundenheit zu der eigenen Partei schwand. Gelegentlich gab es auch Protestverhalten bei einer Wahl. Das war dann, wenn jemand medienwirksam agieren konnte, wie zum Beispiel bei de Schill-Partei oder bei Franz Schönhuber von den Republikanern. Damals war vielen noch suspekt, dass diese Parteien äußerst rechts unterwegs waren. Das konnte die alten Parteien mit ihren Zielen noch nicht ersetzen. Doch einen kleinen Teil der Menschen, die bei den alten Parteien keine Orientierung mehr fanden, schreckte das nicht. Und so kam immer mal wieder eine solche Partei zu Wahlergebnissen, die beachtet werden mussten. Man erkannte dies als Protest, ging aber nicht weiter darauf ein.

Dann erschien die AfD auf der Politikbühne. Sie hatte anfangs nicht so radikale Ziele wie DVU und Republikaner, die ja in den Augen vieler vor allem einen Staat unter strenger, rechter und nationalistischer Führung wünschten. Die neue Partei trat gegen die EU an, die ja sowieso niemand verstand und versuchte mit ihren Forderungen deren Einfluss zu minimieren. Das gefiel vielen Menschen und die Partei wurde auch für Menschen wählbar, die eigentlich den Zielen der Altparteien hinterher trauerten, sich aber dort nicht mehr vertreten sahen.

Streitereien innerhalb der AfD nahm man der Partei nicht übel. Man sah es als Anfangsschwierigkeit, die aber sicher irgendwann zu einem gemeinsamen Weg führen würde. Das gab es seinerzeit auch bei den Grünen. Dort waren es Fundis und Realos, die sich beharkten. Und trotzdem hat die Partei inzwischen ihren Platz gefunden. Das erwartet man sich also auch von der AfD. Irgendwann würde der Weg gefunden sein.

Außerdem hat die AfD recht schnell Dienstleister damit befasst, sich um die Außenwirkung zu kümmern. So wusste man stets, wie weit man gehen konnte oder musste, ohne Konturen oder Wähler zu verlieren. Und diese beibehaltenen Konturen, die viele bei den älteren Parteien vermissen, führen auch zu dem inzwischen dauerhaften Wahlerfolgen der Partei. In der großen Gruppe der Unzufriedenen, egal ob von den Altparteien oder deren Vertreter oder aus anderen Gründen, gibt es viele, die sich dort gut vertreten fühlen.

Karrierepolitiker

Denkt man an die ersten Jahrzehnte der Bundesrepublik, fallen einem noch immer viele Namen von Politikern ein. Das Gleiche gilt auch für die erste Zeit der DDR. Und schaut man sich dann deren Biographien an, wird man eklatante Unterschiede zu den heutigen Politikern erkennen.

Früher sah eine typische Politikerbiographie etwa so aus, dass der Politiker aus einer einfachen Familie stammte, der Vater zum Beispiel Bergmann oder Bäcker war und die Familie allenfalls ein kleines oder mittleres Einkommen hatte. Viele Politiker hatten in jungen Jahren eine normale Schule abgeschlossen und anschließend einen Beruf erlernt. Zur Politik kamen sie mehr oder weniger zufällig, weil sie irgendwo Missstände sahen und sich diesbezüglich engagierten. Da sie es mit Herzblut machten, andere mitreißen konnten und vielleicht auch einige Erfolge aufzuweisen hatten, wurden sie unter ihresgleichen bald bekannt und wurden zu Führungspersonen. So wurden sie im Lande im Laufe der Zeit immer präsenter und waren bald auch von anderen anerkannt, die zwar auch aktiv waren, aber in einem anderen Bereich. Sie traten der Partei bei, der sie politisch am nächsten standen und engagierten sich auch dort. Immer weiter stiegen sie auf, nicht weil sie es darauf anlegten, sondern weil ihr Engagement und die Leistung anerkannt wurden. Und irgendwann war es bei ihnen dann fast zwangsläufig so weit, dass sie in die absolute Spitze aufgestiegen waren. Hier hatten sie noch einige Dinge zu lernen, wie Diplomatie und den Umgang mit der Presse, doch wenn sie auch das erfolgreich hinter sich gebracht hatten, waren sie ganz oben in der Partei. Wenn diese dann auch gewählt wurde, gab es einen neuen Staatslenker, der aus der ganz normalen Bürgerschaft erwachsen war.

Dann gab es noch eine weitere Art der Politikerlaufbahn. Der letzte Weltkrieg war noch nicht lange her. Neben denen, die sich mit der unmenschlichen Politik jener Jahre identifizierten, gab es auch viele Menschen, die auch ohne innere Überzeugung mitliefen und sich dadurch auch schuldig machten. Daneben gab es noch viele die einfach schwiegen. Beide Gruppen versuchten dadurch Problemen aus dem Weg zu gehen und machten zusammen einen großen Teil der Bevölkerung aus. Daneben gab es aber auch noch Widerstandskämpfer, aber auch Menschen, die sich gegen das System wandten, aber nicht soweit gehen wollten oder konnten, dass sie auch in den Kampf gezogen wären. Wer nicht kämpfte, aber auch nicht stillschweigend das System laufen lassen wollte, floh, wenn er die Möglichkeit dazu hatte.

Von den Widerstandskämpfern sind leider viele ermordet worden. Doch einige überlebten zum Beispiel in den Konzentrationslagern und von den geflohenen Nazigegnern kamen einige nach dem Ende des Krieges nach Deutschland zurück.

Dies waren auch ganz normale Menschen, die schon früh in ihrem Leben politisch aktiv waren. Oft hatten sie keinen Beruf und manche sogar keine abgeschlossene Schulausbildung, weil sie sich während der Nazizeit nicht soweit anpassen wollten, dass es hätte dazu kommen können. Nach dem Ende des Krieges engagierten sie sich weiter, sie sahen auch jetzt noch genug zu tun, denn viele Politiker und Beamte konnten trotz ihrer Vergangenheit nahtlos weitermachen.

Auch in dieser Gruppe sind also in ihrer Sache sehr engagierte Menschen. Auch sie schafften es, ohne eigenes Zutun dank ihrer politischen Kompetenz bekannt zu werden, und wenn sie Mitglied einer Partei wurden, dort aufzusteigen.

Dies waren also anfangs nach dem Krieg die Menschen, die die Geschicke unseres Landes bestimmten. Sie taten das mit dem Ziel, dass es dem Land besser gehen sollte und stellten persönliche Ziele hintenan.

Auch damals schon gab es Menschen, die besser ausgebildet waren und sich auch in der Politik betätigten. Doch sie waren eher im Hintergrund zu finden. Sie waren nicht in einer Position, in der sie selbst Entscheidungen trafen, sondern hatten mit ihrem Fachwissen dazu beizutragen, dass diese durchgesetzt wurden. Viele waren im Parlament, betätigten sich in Ausschüssen oder hatten eine andere wichtige Position bekleidet. Sie hatten studiert oder Berufe, die ihnen bei der Arbeit halfen, waren also zum Beispiel Rechtsanwalt oder etwa Wirtschaftsprüfer.

Die Bevölkerung nahm diesen Politkern ab, dass sie wirklich hinter ihren Zielen standen und sie sich für das Volk einsetzten. Selbst wenn jemand die Biographie kannte, konnte er deutlich sehen, dass der Mensch hinter dem Politiker wirklich zu seinen Aussagen stand. Das galt sogar für Politiker, deren Meinung man nicht teilte. Man argumentierte zwar gegen sie, nahm ihnen aber trotzdem ab, dass sie hinter dem standen, was sie sagten und durchsetzen wollten.

Doch irgendwann, vielleicht so etwa ab Ende der 70er-Jahre begann sich das zu ändern. Die alten Widerstandsleute wurden weniger, was natürlich ganz einfach daran lag, dass der Krieg nun schon viele Jahre her war und Menschen mit dieser Art des Engagements natürlich nicht nachwachsen konnten. Was blieb, waren natürlich noch die Menschen, die sich aus anderen Gründen politisch engagiert hatten, doch insgesamt nahm die Zahl der Herzblut-Politiker kontinuierlich ab.

Was blieb waren die Akademiker und der Mittelstand, und aus dieser Gruppe kamen dann auch die Parlamentarier, die sich in die Lücken setzten, die von den inzwischen fehlenden Widerstandspolitikern geblieben waren. Die Zahl der Parlamentarier aus freien und Mittelstandsberufen wuchs deutlich.

Dies wirkte sich auch innerhalb der Parteien aus. Denn auch dort waren die Menschen aus dem

Mittelstand und Akademiker bald stark in der Überzahl. Und da jeder, der einen einflussreichen Posten haben wollte, dort erst einmal gewählt werden musste, änderte sich so langsam, aber merklich und endgültig die Zusammensetzung der Menschen, die dort in den Führungspositionen waren. Anfangs waren einige noch bereit, für die „alte Garde" zu stimmen, da dies ja in der Vergangenheit zu Erfolgen geführt hatte, doch je mehr nur noch gut Ausgebildete mitwählten, desto geringer wurden die Chancen, dass Menschen, die von unten kamen und sich durch Engagement und nicht durch eine irgendwie geartete Ausbildung dorthin kommen konnten.

Auch wenn man immer wieder Beschwerden wegen der Höhe der Abgeordnetendiäten hört, sind diese doch vergleichsweise niedrig, wenn man zum Beispiel einen Spitzenmanager zum Vergleich heranzieht. So findet man aus der Klientel der Spitzenverdiener so gut wie niemand in der Volksvertretung. Da, wie oben beschrieben, auch der tatsächlich politisch Interessierte von unten inzwischen „ausgestorben" war, findet man praktisch nur noch die sogenannte Mittelschicht in den Abgeordnetenhäusern.

Dabei sind zwei Typen zu erkennen. Der eine stammt aus der unteren Mittelschicht und freut sich, dass er auf diese Art ein paar Euro erhalten kann. Gemeinsam mit dem zweiten Typen hat er, dass er sein öffentliches Auftreten auch als Werbung für seine Rechtsanwalts- oder Notariatskanzlei ansieht, auch wenn er dies nicht direkt ausspricht. Viele schreiben dabei auch Abkürzungen wie MdB oder MdL auf ihre Visitenkarte, weil sich dadurch Vertrauen für die Unternehmung aufbauen lässt. Viele sind durch Geschick und das Ausnutzen der Strukturen in der Partei nach oben gekommen, und dies mit sehr wenig Kenntnissen, wie man ein Land zu führen hat. Vielen fehlt dazu auch die Bereitschaft, sie denken nur an den persönlichen Vorteil.

Zum zweiten Typ der heutigen Politiker sind die Geltungsbedürftigen zu zählen. Sie fühlen sich wohl in ihrer Rolle, in der sie quasi von oben herab auf die aus ihrer Sicht normalen Menschen herabsehen können. Es stärkt ihr Selbstbewusstsein, zu wissen, dass sie es sind, die über die Geschicke anderer Menschen entscheiden können. Dieser Politikertyp lässt sich gerne für eine Zeitung fotografieren und findet auch immer einen Anlass, dass dies geschieht. Gerne nimmt er natürlich auch die Fernsehkamera und ist stets bestrebt, als Gast in einer Talkshow aufzutreten. Diese Politiker denken nur an sich, nicht an das Land und ihre Bewohner. Entscheidungen werden daraufhin abgewägt, ob man durch sie Medienpräsenz erreichen kann oder nicht. Diesen Politikertyp gibt es bei den Altparteien, aber auch bei der AfD.

Belegt wird dies dadurch, dass heute eine Position im Staat oder innerhalb einer Partei nicht mehr so sicher ist wie früher. Dies gilt für die erste Reihe, aber auch in den Ebenen darunter ist dies so.

Früher wurde jemand für einen bestimmten Zeitraum gewählt, und wenn er nicht gerade eine Bank ausraubte, konnte er sicher sein, bis zum Ende der Wahlperiode in Amt und Würden zu bleiben. Das ist heute nicht mehr so, jeder muss heute Angst haben, dass jemand ihm seinen Posten streitig machen will, und wenn man dies abgewehrt hat, kommt schon der nächste hinter der Hecke hervor, um es ebenfalls zu versuchen.

Man schafft sich durch einen so erkämpften Posten natürlich mehr Aufmerksamkeit, die sich dann später im eigentlichen Job, zum Beispiel als Rechtsanwalt auszahlen soll. So bleibt den eigentlich für ein Amt gewählten Männern und Frauen, selbst wenn sie es wollen, kaum Zeit, sich um das zu kümmern, was sie eigentlich in ihrem Amt zu tun hätten. Praktisch verteidigen sie sich stattdessen laufend. Oder, wenn gerade mal kein Angriff abzuwehren ist, bereiten sie sich schon auf den nächsten vor. Und dies geschieht natürlich am besten, wenn man kein Angriffsziel bietet. Und dies wiederum erreicht man, indem man keine Konturen bietet, keine konkreten Aussagen macht und ansonsten den scheinbar sicheren Weg der Diplomatie statt klarer Worte wählt.

Am Beispiel des ehemaligen Bundeskanzlers Helmut Kohl lässt sich recht gut verdeutlichen, wie sich das Wesen der Politik verändert hat. Dies hat auch nichts damit zu tun, was man von seiner Politik hält, denn solche Beispiele ließen sich für jede politische Strömung finden.

Geboren wurde er in normalen Verhältnissen als Sohn eines Finanzbeamten. Doch er hatte früh politische Ziele und setzte sich dafür ein. Doch als er ganz oben angekommen war, hatten sich die Zeiten in Richtung der Karrierepolitiker geändert. Immer wieder kam es von irgendeiner Seite aus seiner Partei zu Angriffen. Und er hatte ein Mittel gefunden, dass ihn nahezu unumstößlich werden ließ. Der Begriff „Aussitzen" etablierte sich für sein Verhalten. Natürlich rettete ihn dies sechzehn Jahre immer wieder sein Amt, doch bedeutete es gleichzeitig, dass auch er mehr an seinem Posten interessiert war, denn an unserem Land. Denn Aussitzen bedeutet nicht mehr und nicht weniger als Nichtstun, und das darf eigentlich nicht sein, wenn man sich um ein Land zu kümmern hat.

Ihm brachte dies Erfolg, und das sahen andere, die danach suchten, wie sie unangreifbar sein konnten. Fortan war es nicht mehr wichtig, etwas für das Land zu tun, sondern Fehler zu vermeiden. So behielt man seinen Posten und das egoistische Ziel für sich und sein Unternehmen zu werben, blieb ungefährdet. So gesehen haben wir also heute keine gestaltende Politik mehr, sondern Menschen in verantwortungsvollen Positionen, die mehr sich als ihre Aufgabe sehen. Darunter gibt es eine Schicht mit anonymen Beamten, die alles so wie es ist am Laufen hält, aber selbst nicht in der Lage ist und auch nicht die Kompetenz hat, sich kreativ und fürsorglich im Sinne der Bevölkerung einzusetzen. Wenn doch etwas geschieht, ist es die Umsetzung von Entscheidungen, die woanders, zum Beispiel in der EU getroffen werden, der Rest ist Kosmetik oder besser gesagt, dient den egoistischen Mittelständlern dazu, ihre eigene Existenz zu begründen.

Hier hat es eine neue Partei einfach, egal welcher Ausrichtung sie angehört. Denn den Mitgliedern kann man scheinbar nur schwer vorwerfen, dass sie nur an ihre eigenen und privaten Sachen denken. Dies gilt verstärkt, solange sie in der Opposition ist, denn da hat man außer Medienpräsenz nichts vorzuweisen. Man glaubt also den auftretenden Personen einer solchen Partei, dass sie tatsächlich hinter einer Meinung stehen, so wie es die Politiker in den ersten Jahrzehnten im Nachkriegsdeutschland getan haben.

So scheint für viele, die die alte Zeit mit ihren klaren Konturen und direkten, ohne egoistische Ziele durchgesetzten Handlungen wiederhaben wollen, die AfD wählbar geworden zu sein. Durch ihre erzkonservativen Ziele und nach hinten gewandten Ziele scheint sie das zu verbreiten, was man gerne wiederhaben möchte.

Doch auch hier haben sich die Zeiten geändert. Auch in dieser Partei geht es nur um Macht, persönliche Ziele und darum, als Mensch und Macher in der Öffentlichkeit wahrgenommen zu werden. Auch hier geht es also um rein persönliche Ziele, die durchgesetzt werden sollen, nicht um irgendwelche Dinge, die der Allgemeinheit zugutekommen sollen.

Dies äußert sich sehr deutlich bei den Machtkämpfen, die dauernd durchgeführt werden. Früher ließ man gewählten Menschen die Zeit, für die sie gewählt wurden. Das ist auch bei dieser Partei nicht der Fall und dies von Beginn an. Laufend hört man von Machtkämpfen. Mal splittet sich eine neue Partei mit dem Namen Alfa ab, mal wird ein Vorsitzender gestürzt und dann wieder ist es eine Fraktion, die sich spaltet. Letztendlich sind also auch hier nur Karrierepolitiker am Werk, auch wenn es viele Protestler, die ihre Hoffnung hierhin gesetzt haben, vielleicht noch nicht wahrhaben wollen.

Doch ganz egal, ob es die AfD erfüllt oder nicht, es sehnen sich heute viele Menschen nach echten Politikern und nicht nur nach Karrieristen, denen ihre eigene Ziele wichtig sind, das Wohlergehen der durch sie vertretenden Bevölkerung aber scheinbar egal ist.

Machtlose Gewerkschaften

Der sogenannte „kleine Mann" wurde früher von den Gewerkschaften vertreten. Das galt oft sogar dann, wenn man selbst gar nicht Mitglied dort war, denn von den Abschlüssen, die nach ihren Forderungen erreicht wurden, profitierten meist alle, da die Abschlüsse in der Praxis meist nicht nur bei den Mitgliedern angewendet wurden. Hier geht es um die Löhne und die Arbeitsbedingungen, also um die Arbeit, die man tat. Für das große Andere waren dann die Parteien und die Politik zuständig.

Da man also bereits jemanden an seiner Seite wusste, brauchte es keine Protestpartei. Hier hatte man sogar jemand, dem man jederzeit seinen Protest gegen zu niedrige Löhne, schlechte Arbeitsbedingungen oder andere Unannehmlichkeiten bei der Arbeit mitteilen konnte und der dann für einen eintrat. Einer Protestpartei, die man ja nur am Wahltag mit einem Kreuz aktivieren konnte, bedurfte es nicht.

Doch dann begann die Macht und Kraft der Gewerkschaften langsam zu sinken. Es gab viele Arbeitslose in Deutschland, für die die Gewerkschaften nichts erreichen konnten. Diese Klientel, die zeitweise über zehn Prozent der Bevölkerung ausmachte, hatte also niemanden mehr, durch den sie sich vertreten fühlten.

Durch die vielen Arbeitslosen war es natürlich schwer, einen Arbeitsplatz zu finden, egal, ob man aus der Arbeitslosigkeit herauswollte oder einen anderen Job anstrebte. Denn freie Stellen gab es damals kaum. So hatten die Betriebe Druckmittel in der Hand, von denen nicht wenige auch Gebrauch machten. Es wurden Anforderungen an Bewerber gestellt, auch wenn diese teilweise nicht zulässig waren. Manche Betriebe erwarteten sogar, dass man in keiner Gewerkschaft Mitglied ist oder setzte speziell die verbliebenen Mitglieder unter Druck, die natürlich in jener Zeit auch Angst vor Arbeitslosigkeit hatten.

Dies führte dann wirklich dazu, dass viele Menschen aus Angst nicht Mitglied bei einer Arbeitnehmervertretung wurden. Auch dadurch sank deren Einfluss. Manches, was die Arbeitgeber taten, war zwar verboten, aber jeder hatte einzeln dagegen anzukämpfen. In oft jahrelangen Rechtsstreitigkeiten bekamen die klagenden Arbeitnehmer zwar oft recht, aber das nutzte ihnen bezüglich eines verlorenen Jobs auch nichts mehr, da häufig nur Vergleiche zwischen den Streitparteien ausgehandelt wurden. Der Job war trotzdem weg. Und selbst wenn man sogar die Arbeitsstelle wieder erhielt, half das nur dem einzelnen Menschen, der die Klage durchgezogen hatte. Der große Rest hatte nichts davon und die Macht der Gewerkschaften blieb also trotzdem geschwächt.

Die damals in der Politik Verantwortlichen haben nicht eingegriffen. Sie hätten dies tun können, wenn sie zum Beispiel dafür gesorgt hätten, dass Betriebe, die so vorgehen mit empfindlichen Strafen zu rechnen hätten. Doch sie taten nichts. So wurde also indirekt das Vorgehen gefördert. So wurde dann dadurch auch unterstützt, dass die Gewerkschaften geschwächt wurden und so immer weniger Sprachrohr des schwachen Teils der Bevölkerung sein konnten. Die Politikvertreter maßen ihren eigenen Erfolg nur an der Senkung der Arbeitslosenzahlen, die durch diesen Machtmissbrauch der Arbeitgeber erreicht wurde. Dass dadurch auch, zuerst fast unmerklich auch die Unzufriedenheit der Bevölkerung wuchs, schien sie nicht zu interessieren.

Dann kamen weitere Arbeitsformen hinzu, die den Arbeitgebern nutzten, den Arbeitnehmern schadeten und wodurch die Macht der Gewerkschaften weiter abnahm. So gab es bei immer mehr Neueinstellungen nur noch befristete Zeitverträge. Da war es ganz einfach, jemand abzuschieben, wenn er nicht ins Wunschbild des Chefs passte. Man brauchte noch nicht einmal einen Grund anzugeben, da der Vertrag ja ohnehin auslief. Ähnlich verhielt es sich mit den neu aufkommenden Leiharbeitsverhältnissen. Auch hier hatte jemand zu gehen, wenn er nicht ins Bild passte, und dazu genügte häufig schon die Mitgliedschaft in einer Gewerkschaft. Wenn er dann Pech hatte, wurde er von der Verleihfirma dann auch nicht mehr vermittelt und stand ohne Geld und Arbeit da.

Auch hier schauten die Politikvertreter nur zu. Auch hier ging es ihnen nur darum die Arbeitslosenquote zu senken, und das wurde ja mit diesen unsozialen Methoden erreicht. Zudem unterstützten die Politiker solche Arbeitsformen sogar. So wurden sogenannte Minijobs gefördert, also eine Arbeitszeitform, bei der die Arbeitenden nur zu einem geringen Teil in der Gewerkschaft organisiert sind. Zeit- und Leiharbeitsfirmen wurden gar durch Arbeitsagentur und Jobcenter gefördert, wenn sie einen Arbeitslosen einstellten. Das Gleiche gilt für Bewerber, die nur einen befristeten Job bekamen. Da hat also die Politik sogar den gewerkschaftsfeindlichen Kurs der Unternehmen finanziell unterstützt.

Und dann kam die Zeit des Internets und der Globalisierung. Immer mehr internationale Unternehmen siedelten sich mit Außenstellen auch in Deutschland an, die dann also auch Arbeitgeber wurden. Diese Unternehmen interessierten sich oft nicht für die deutsche Rechtslage und die Rolle der Gewerkschaft und der Arbeitnehmer darin. Wenn ein beispielsweise amerikanisches Unternehmen seinen Hauptsitz zwar aus steuerlichen Gründen in der EU aber nicht in Deutschland hatte, fühlte es sich nicht an deutsche Gesetze gebunden, und auch hier musste wieder jeder einzelne Betroffene selbst rechtlich aktiv werden. Auch hier wurde die Politik nicht aktiv und ermahnte diese Unternehmen nicht, sich an die deutsche Rechtsprechung zu halten. Wenn dies doch einmal zaghaft angedeutet wurde, drohte diese internationale Unternehmen einfach, den Standort von Deutschland abzuziehen. Und schon schwiegen die Politikvertreter wieder., verhielten sich also deutlich vernehmbar gegen die Rechte der Arbeitnehmer auf eine Vertretung und diese auch in Anspruch nehmen zu dürfen.

Etwa gleichzeitig kam die zunehmende Ausgliederung bei den Unternehmen hinzu. Viele noch so kleine Bereiche wurden an andere Firmen abgegeben, die entweder zum eigenen Konzern gehörten oder auch nicht. Die Zugehörigkeiten und Zuständigkeiten wechselten oft, und so konnte unliebsames Personal bei einem solchen Wechsel leicht abgeschoben werden. Auch hier schaute die Politik nur untätig zu, ohne im Sinne der Arbeitnehmer einzugreifen.

Und dann wurden auch noch die Gewerkschaften als Institution geschwächt. Zunächst gab es Zersplitterung, für immer mehr einzelne Berufsrichtungen gab es eine eigene Gewerkschaft, die für diese Berufsgruppe zuständig war. In zunehmend mehr Bereichen war dies durch die Änderung der Arbeitswelt durch Computer, Roboter und Internet auch erforderlich, da immer neue Berufe entstanden. Hier haben auch die Gewerkschaften selbst Fehler gemacht, indem sie nicht rechtzeitig für eine Neuorganisation sorgten. Durch die zunehmende Zersplitterung kam es dann irgendwann soweit, dass für einzelne Berufe innerhalb eines Unternehmens gleich mehrere Gewerkschaften zuständig waren, die für die Interessen der Arbeitnehmer eintreten wollten. Dies führte dann zu solchen Situationen, dass beide Organisationen zu unterschiedlichen Zeiten zum Streik aufriefen, was jedes Mal dort zu starken Beeinträchtigungen führte. Auch hier trat die Politik nicht auf die Seite der Arbeitnehmer, sondern stellte sich hinter die Unternehmer, indem sie den jeweils kleineren Gewerkschaften das Streikrecht nahm. Eine Gewerkschaft ohne Streikrecht ist wie ein zahnloser Tiger, kann sich also nicht mehr wirksam für seine Mitglieder einsetzen. Auch dies führte wieder zu einer weiteren Schwächung der Arbeitnehmerorganisationen und zu einem weiteren Mitgliederschwund.

Überall haben unsere politischen Volksvertreter nur eingewirkt, wenn dadurch die Rechte der Unternehmen gestärkt wurden. Gewerkschaften wurden schwächer und schwächer, und immer weniger konnten sie ihren Aufgaben nachkommen, sich für die Besorgnisse der Arbeiter und Angestellten einzusetzen. Oder anders ausgedrückt, der sogenannte „kleine Mann" hatte immer weniger jemand, der sich für seine Sorgen einsetzte. Also musste er sich jemand anderes suchen. Und das waren immer wieder die Parteien von rechts. Nicht dass sie es wirklich taten, aber der „Mann von der Straße" glaubte ihnen, wenn sie so taten, als ob sie ihnen helfen wollten. So kamen also zuerst Partien wie DVU, Schill- oder Statt-Partei auf, bevor dann die AfD den Faden aufgriff. Auch hier ist also das Problem von unserer politischen Vertretung mit zu verantworten.

Wohin es führen kann, wenn man den Gewerkschaften die Macht nimmt, die Beschäftigten bei Unzufriedenheit aber trotzdem ein Ventil suchen, hat ein Ereignis im Jahr 2016 gezeigt. Bei zwei Fluggesellschaften gab es große Sorge wegen bevorstehender Entscheidungen und damit verbunden große Angst um viele Arbeitsplätze. Gewerkschaften waren entmachtet und so suchten sich die Beschäftigen einen anderen Weg, um ihren Unmut auszudrücken. Sie feierten in großem Umfang krank. Schließlich war der Krankenstand so gewaltig, dass Flüge ausfallen mussten, zuerst nur wenige, doch schon wenige Tage später fast der gesamte Flugbetrieb der Airlines. Schließlich gab es einen Kompromiss mit den Arbeitgebern und die Beschäftigten waren schnell wieder gesund.

Auf den ersten Blick sieht es aus wie ein verzweifelter Streik. Doch da er auf diese Weise geschah, war er weder für die Arbeitgeber noch für die Fluggäste vorhersehbar. Gerade Fluggäste haben aber ein Recht, etwas Vorlauf zu haben, so dass sie wichtige Flüge umbuchen können. Dies ging hier natürlich nicht. Man kann die Beschäftigten durchaus verstehen, da sie ihrer Unzufriedenheit und ihren Forderungen auf keinem anderen Weg den nötigen Druck hätten geben können. Hier muss es statt eines einseitig überregulierten wieder einen regulären Weg geben, auf dem Arbeitskämpfe geführt werden. Ansonsten wird es immer wie-

der solch kreative Protestformen geben, die leider
auch Unbeteiligte benachteiligen. Den Gewerkschaften ist also die beschnittene Macht zurückzu-
geben, damit so etwas nicht noch einmal passieren
kann.

Bürokratie

„Von der Wiege bis zur Bahre: Formulare, Formulare", heißt es im Volksmund, und da ist auch etwas dran. Wer etwas von den öffentlichen Einrichtungen will, muss solch ein Papier ausfüllen. Möchte man irgendwo Mitglied werden, muss man ein Beitrittsformular ausfüllen. Auch wer im Internet einkaufen will, muss dazu ein Online-Formular ausfüllen. An noch vielen weiteren Stellen begegnen uns diese Formulare.

Das wäre auch nicht weiter schlimm, wenn diese kurz und verständlich wären, doch das sind sie oft nicht. Oft muss man viele Seiten ausfüllen, um etwas zu erhalten, das einem eigentlich grundsätzlich zusteht, und auf diesen Seiten tauchen viele Begriffe auf, die ein durchschnittlich gebildeter Mensch nur schlecht oder gar nicht versteht.

Nur selten erhält man von der Stelle, die die Formulare dann entgegennimmt, direkte Hilfe. Meist bekommt man die auszufüllenden Papiere kommentarlos in die Hand gedrückt, zugesendet oder muss sie sich gar selbst im Internet suchen und ausdrucken. Oft ist mit den Formularen noch eine Frist verbunden. Wer zum Beispiel Geld vom Jobcenter haben will, muss den ausgefüllten Antrag vor dem Zeitraum abgegeben haben, für den das Geld beantragt wird, sonst gibt es einfach für die ersten Tage kein Geld. Natürlich steht das nicht auf dem Antrag selbst, sondern man müsste dazu im entsprechenden Gesetzestext nachlesen, wobei man dann natürlich erst einmal herausbekommen muss, in welchem der vielen Gesetze und Verordnungen dies geregelt sein könnte.

Wenn man dann Glück hat und alles richtig ausgefüllt hatte, bekommt man einen positiven Bescheid. Hat man jedoch, obwohl einem eigentlich etwas zustehen würde, bei der Antragsstellung einen Fehler gemacht oder etwas bei einer Position nicht ausgefüllt hat, weil man diese falsch oder nicht verstanden hat, kommt die Ablehnung. Darin steht dann nicht, dass man etwas bekommen würde, wenn man doch hier oder dort etwas ändern würde und dass man dies doch nochmals auf Richtigkeit überprüfen sollte, sondern es wird einfach abgelehnt. Oft gibt es noch nicht einmal eine verständliche Begründung für die Ablehnung.

Selbst wenn man einen positiven Bescheid erhält, ist dieser nicht einfach zu verstehen. Ich habe mir einmal eine solche Bewilligung von Arbeitslosengeld II angesehen. Sie ging an jemand, bei dem noch ein geringes Zusatzeinkommen zu berücksichtigen war. Gleich zwölfmal findet sich das Paragrafzeichen im Text, wobei ich natürlich die angehefteten Gesetzestexte bei der Zählung nicht berücksichtigt habe. Gerade hier, wo häufig Menschen aus einfach gebildeten Schichten auftreten, täte eine deutliche Vereinfachung not. Ganze neun Seiten wurden für diesen Bescheid bedruckt, die man sämtlich verstehen muss, wenn man auch nach der Bewilligung nichts verkehrt machen möchte.

Ähnlich verhält es sich beim Finanzamt. Hier möchte ich das Beispiel eines kleinen Selbstständigen anführen, der etwa 400 Euro im Monat mit seinem Gewerbe verdient. Natürlich muss auch dieser eine komplette Umsatzsteuererklärung abliefern. Das geht nur noch online, weil es angeblich für das Amt und den Selbstständigen einfacher ist. Vier Seiten hat man für den Beispielfall auszufüllen, die dann über das Internet an das Finanzamt zu senden sind. Nun wäre ja alles gut, wenn es dabei bliebe. Doch man muss noch etwas ausdrucken, das man dann dem Amt in Papierform zu überbringen hat. Der Ausdruck umfasst drei Seiten. Die „Erleichterung" für den Gewerbetreibenden durch das Onlineverfahren besteht also darin, dass er dem Amt nur drei statt vier Papierblätter zu überbringen hat.

Ähnlich verwirrend sieht es für unseren Gewerbetreibenden beim Bescheid zu seiner Umsatzsteuererklärung aus. Denn es gibt keinen. Ein Bescheid seitens des Finanzamts kommt nur, wenn das Amt die Angaben des Einreichers nicht akzeptiert. Wann man denn mit einem solchen abändernden Bescheid rechnen kann, ist nirgends gesagt. Man kann also nur raten oder versuchen hellzusehen, ob es einen solchen ändernden Bescheid geben wird oder nicht. Dennoch muss man die Umsatzsteuer ans Finanzamt zahlen, wenn man mehr Einnahmen als Ausgaben hatte. Der hier als Beispiel herhaltende Selbstständige hat mit dieser Zahlung einmal etwas gewartet, weil er sich nicht sicher war, ob da möglicherweise ein Bescheid mit Änderungen kommen würde. Was kam, war aber eine Mahnung, und natürlich gab es auch gleich eine saftige Mahngebühr dabei, die wie so üblich mit irgendwelchen Paragrafen begründet wurde.

Unserem Selbstständigen wird es also schwer gemacht, nicht nur in diesem Bereich. Überall ist Papierkram zu erledigen, wenn er alles korrekt machen will. Gleichzeitig sieht er, dass es auf den diversen Verkaufsplattformen viele Menschen gibt, die sich einfach nicht darum kümmern. Sie verkaufen dort, teils in großem Stil, und kümmern sich nicht um Vorschriften und zahlen einfach keine Steuern. So brauchen sie natürlich auch nicht die komplizierten Erklärungen auszufüllen. Niemand scheint sich dafür zu interessieren. Obwohl es bekannt und leicht zu erkennen ist, scheint niemand etwas dagegen zu tun. Selbst wenn man mal einen besonders dreisten Fall meldet, tut sich üblicherweise nichts und der Schwarzanbieter kann auch Monate später noch ungestört weitermachen. Meist erhält der Melder noch nicht einmal eine Antwort. Und so kommt bei ihm der Eindruck auf, dass es offenbar leichter, angenehmer und ergiebiger ist, gegen den Staat zu wirken, statt alle Vorschriften einzuhalten und den vorgeschriebenen Weg zu gehen.

Solche Beispiele könnte man hier viele nennen, doch dies würde den Rahmen sprengen. Die genannten Beispiele verdeutlichen aber, worum es geht. Es gibt verwirrende oder schwer durchschaubare Formulare und auch viele Verfahren sind für einen einfachen Bürger nur schwer zu verstehen. Viele geben hier auf und beantragen daher Dinge, die ihnen möglicherweise zustehen, erst gar nicht.

Früher war dieses einfacher. Da kam ein Beauftragter des Königs oder Fürsten vorbei und nahm sich etwa ein Zehntel der Ernte als Steuer mit. Damit war für beide Seiten alles erledigt. Es ist klar, dass es heute nicht mehr so laufen kann wie im Mittelalter, aber einfacher würde es schon gehen, sogar wesentlich einfacher. Es gab ja auch neben den Forderungen nach Vereinfachung immer mal wieder tatsächliche Initiativen, die sich dieser Vereinfachung annehmen wollten. Unvergessen ist dabei die berühmte Steuererklärung, die auf einen Bierdeckel passen sollte, eine Idee des Politikers Friedrich Merz. Auch gab es tatsächlich eingesetzte Arbeitsgruppen, die sich ausschließlich damit befassen sollten. Doch außer solchen Ankündigungen hörte man dann nichts mehr davon. Eine Expertengruppe der EU hat sich viele Jahre mit dem Bürokratieabbau beschäftigt. Sie hat möglicherweise erreicht, dass einige Gesetzestexte vereinfacht wurden, doch an den für den Normalbürger komplizierten Verfahren hat sich demgegenüber nichts Spürbares geändert.

Für den Normalbürger sind solche Formulare und Anträge der direkte Kontakt zu Staat, Bundesland oder Kommune. Er sieht also, dass es ihm schwer gemacht wird, diesen Kontakt aufzunehmen und es entwickelt sich bei ihm das Gefühl, dass von dort eigentlich kein Kontakt gewünscht ist. Und da ja auch die Parteien in seiner Sicht in dieses System der öffentlichen Staatsvertreter gehören, fühlt er auch bei ihnen, dass sie seinen direkten Kontakt nicht wünschen. Schließlich sind es ja auch die Vertreter der etablierten Parteien, die nichts dagegen tun und immer neue Bürokratiehürden aufbauen. So sucht er also jemanden, der gegen dieses System agitiert und zumindest unterschwellig vorgibt, nicht damit einverstanden zu sein. Fündig wird er dann bei einer Protestpartei, die scheinbar einfache Forderungen ausspricht.

Lobbyismus

Wer sich von der Politik ungerecht behandelt fühlt, sucht natürlich Ansprechpartner, denen er sein Leid mitteilen kann. Und gut wäre es natürlich, wenn dieser Gesprächspartner dann auch Einfluss ausüben könnte, da dies dann dazu führen könnte, dass Entscheidungen gefällt werden, die seine Misere lindern.

Doch außer Wahlen bleibt ihm da kaum eine Möglichkeit. So könnte man zum Beispiel demonstrieren. Doch müsste dazu jemand aufrufen, der auch die Möglichkeit hat, viele Menschen hinter sich zu versammeln, die dann als große und laute Gruppe auf die Straße gehen. So besteht vielleicht die Möglichkeit, gehört zu werden, auch wenn sie meist gering ist. Er könnte natürlich auch selbst dazu aufrufen, doch wäre dies nicht aussichtsreich. Er hat nun mal nicht die Möglichkeit, viel Werbung für diese Demonstration zu machen, wodurch es natürlich bei wenigen Teilnehmern bliebe, deren Rufe so gut wie ungehört verpuffen würden.

Schließlich würde es noch die Möglichkeit geben, den Bundes- oder Landtagsabgeordneten aufzusuchen, um mit ihm zu reden. In jedem Wahlkreis, wird zum Beispiel ein Bundestagsabgeordneter direkt gewählt, der sich besonders für die Belange der Bewohner dieses Teils des Landes einsetzen soll. So hat man also immer einen Abgeordneten in der Nähe. Diese haben üblicherweise innerhalb des Wahlkreises ein Büro, dessen Adresse und Öffnungszeiten man im Internet erfahren kann. Auch steht dort, ob man sich zu einem Gespräch anmelden muss oder einfach dort erscheinen kann.

Doch gibt es einige Dinge, die das nicht einfach erscheinen lassen. In Großstädten wissen viele Menschen gar nicht, wo genau die Wahlkreisgrenzen sind und wer bei der letzten Wahl dort direkt gewählt wurde. Auf dem Land ist das den Menschen üblicherweise eher bekannt, doch sind die Entfernungen dort meist größer, was einen armen Menschen ohne eigenes Fahrzeug und mit wenig Geld möglicherweise daran hindert, diesen Abgeordneten aufzusuchen. Und dann gibt es ja nur einen direkt gewählten Abgeordneten. Dieser gehört der Partei an, die im Wahlkreis am beliebtesten ist, und das muss nicht unbedingt die Partei sein, die man selbst bevorzugen würde, wenn man nicht gerade aus Protest sowieso etwas ganz anders wählt.

Selbst wenn alles passt, es zu einem Gespräch kommt und der Abgeordnete auch der „richtigen" Partei angehört, bedeutet das nicht, dass man durch sein Vorsprechen zum Erfolg kommen wird. Wenn der Abgeordnete der Opposition angehört, wird er häufig mit seinen Anliegen scheitern, selbst wenn er tatsächlich versucht, etwas für den vorsprechenden Bürger zu erreichen. Und selbst, wenn er einer Regierungspartei angehört, ist dies kein Garant für den Erfolg. Zuerst muss man den

Abgeordneten natürlich wirklich überzeugen. Glaubt man dies erreicht zu haben, wird dieser sagen, dass er sich bemühen wird, doch in den allermeisten Fällen wird man nie wieder davon hören. Zum Teil liegt das am Abgeordneten, doch nicht immer. Viele sind spezialisiert, zum Beispiel auf ein Thema wie Verteidigung, Kultur oder Finanzen. Nur als solcher Experte werden sie in der eigenen Partei ernst genommen. Kommt dann ein solcher Abgeordneter mit einem themenfremden Vorschlag, wird man ihn innerhalb der Partei kaum ernst nehmen, so dass das von ihm Vorgebrachte einfach wirkungslos bleibt.

Doch damit sind die Möglichkeiten unserer Wähler schon so ziemlich erschöpft. Und keine scheint zu einem wirklichen Erfolg zu führen. Gleichzeitig hören die Wähler aber immer wieder von Interessengruppen, die bei den Abgeordneten und den Parteiverantwortlichen ein und aus zu spazieren scheinen und dies mit dem klar erklärten Ziel, für ihre Anliegen zu werben. Gemeint sind die sogenannten Lobbyisten.

Viele verdienen ihr Geld damit; sie werden von Unternehmen dafür bezahlt, um ausschließlich dies zu tun. Keine Firma würde Geld dafür bezahlen, wenn sie sich nichts davon versprechen würde oder auch in der Vergangenheit schon Erfolge dieser Gespräche gesehen hätte.

Es scheint also möglich zu sein, Einfluss zu nehmen, sieht unser einfacher Bürger, doch er sieht auch, dass dies scheinbar nicht jedem gegönnt ist. Er selbst sieht sich mal wieder in der Rolle desjenigen, dem auch diesbezüglich nichts gegönnt ist, während große Unternehmen mit viel Geld auf diesem Weg doch zu Erfolg kommen können.

Und schon wieder sieht er sich auf der Verliererseite. Da viele Abgeordnete der etablierten Parteien diesen Lobbyismus zulassen, aber auf die Forderungen des einfachen Bürgers mit einem freundlichen Nicken und ansonsten mit Nichtstun reagieren, sieht er sich von diesen nicht mehr vertreten. Er wendet sich von ihnen ab, geht erst einmal nicht mehr wählen, und wenn sich eine passende Partei dazu anbietet, wird er zum Protestwähler.

Spekulanten

Wer ein E-Mail-Konto hat, bekommt Spam-Mails. Und wer Spam-Mails bekommt und sich diese tatsächlich einmal anschaut, findet einige darunter, die ihm schnellen Reichtum versprechen. Sei es der Erbe eines superreichen Nigerianers, der nur mit dem Mitwirken des Mail-Empfängers an sein Geld kommt und dafür eine üppige Provision verspricht oder der berühmte Job von zuhause, bei dem man mit wenigen Wochenstunden ein vier- oder fünfstelliges Gehalt erzielen kann.

Wer in den sozialen Medien unterwegs ist, wird dort ähnliches vorfinden. Da gibt es scheinbar Kredite für alle, die bei den Banken abgelehnt wurden, oder man muss einhundert Euro einsetzen, um ab dann für zwei Jahre wöchentlich jeweils zwanzig Euro zurückzuerhalten.

Solche Pseudo-Modelle gibt es viele, und sie kommen auch auf vielen Wegen. Gemeinsam ist ihnen eins: sie funktionieren nicht. Im Gegenteil sind sie darauf ausgelegt, bei dem, der darauf reagiert, Schaden anzurichten. Mal gelangt man auf eine virenverseuchte Seite, wenn man einem Link folgt, oder man wird via Phishing zur Eingabe von Zugangsdaten zu bestimmten Plattformen aufgefordert, um später diese persönlichen Daten missbrauchen zu können. Wenn es das nicht ist, werden irgendwelche Vorabgebühren verlangt, nach deren Zahlung man angeblich in den Genuss von

Vorteilen kommt. Doch hat man erst einmal bezahlt, wird man nie mehr etwas von dem vermeintlichen Wohltäter hören. Da diese Anbieter im rechtlich schwer zugänglichen Ausland sitzen, hat man später, wenn man seinen Fehler erkannt hat, so gut wie keine Chance, sein Geld zurückzuerhalten.

Das weiß man natürlich, wenn man solche Botschaften erhält und wird sich hüten, darauf zu reagieren. Aber dennoch gibt man die Hoffnung natürlich nicht auf, dass da doch irgendwann einmal wirklich eine Chance besteht, schnell und einfach zu Geld zu kommen.

Man sieht es ja. Da gibt es Leute, die mittels Mausklick, Millionen von Euro hin- und herschieben und hinterher innerhalb weniger Sekunden um einen für einen armen Menschen riesigen Betrag reicher sind. Gemeint sind die Spekulanten im Finanzmarkt, die sich scheinbar ohne jede Anstrengung ständig zu bereichern scheinen.

Es gibt noch eine zweite Art dieser Spezies, die jedoch langsamer arbeitet. Sie kaufen zum Beispiel Häuser und Grundstücke in dem Wissen, dass diese bald gesucht sein werden, und verkaufen sie dann zu einem weit höheren Preis. Oder es werden gleich ganze Firmen aufgekauft, innerhalb kürzester Zeit alles aus ihnen herausgepresst, um dann Insolvenz anzumelden. In all diesen Fällen bleibt unser Spekulant mit einem saftigen Gewinn zurück, während um ihn herum alle verloren haben, was ihn aber nicht zu stören scheint.

Manchmal ist die Grenze zur Illegalität überschritten, doch eher ist es so, dass sich der Spekulant in einer rechtlichen Grauzone zu bewegen scheint, was ihm zwar einen schlechten Ruf einbringt, aber selten zu Strafen führt. Das Geld bleibt natürlich bei ihm.

Oft sind die Aktionen so verwickelt angelegt, dass man entweder Schwierigkeiten hat, die Beteiligten zu finden oder den Weg des Geldes zu ermitteln, um festzustellen, ob dabei irgendetwas illegal war. Findet man solche unrechtmäßigen Aktionen, wird dann einer der Akteure vor Gericht gestellt, um dann wegen Schwierigkeiten bei der Beweislage recht glimpflich davonzukommen.

Doch jeder sieht, dass es sehr viele gibt, die sich auf solche oder ähnliche Wege begeben, doch der weitaus größte Teil von ihnen wird niemals zur Rechenschaft gezogen, es wird noch nicht einmal versucht.

Die vielen zwielichtigen Spekulanten, die ohne Konsequenzen davonkommen, ändern mehr oder weniger den Weg mit dem Geld zu spekulieren, um der rechtlichen Verfolgung aus dem Weg zu gehen. Das schaffen sie auch, und genauso schaffen sie es, auf ominösen Wegen in der nun neu gefundenen Grauzone weiterhin ihr Geld zu vermehren.

Das sieht auch der Mensch, dem niemals eine solche Chance gegeben wurde. Er sieht es, obwohl Gerichte und Politik davon nichts zu sehen scheinen. Ihm fehlt das Geld, um auch so zu handeln. So ist es für ihn keiner Überlegung wert, ob er auch so handeln würde, wenn er mehr Geld hätte. Denn um mit solchen Dingen anfangen zu können, muss man schon am Anfang einen Grundstock an Geld haben, und eben den hat er ja nicht.

Und wieder sieht er Möglichkeiten, die anderen gegeben werden, die ihnen sogar gelassen werden, wenn sie sich in einer rechtlichen Grauzone befinden, doch er erhält mal wieder nichts. Wieder sieht er, dass man Geld braucht, um eine Chance zu irgendwas zu haben - Geld, das er nicht hat. Wieder sieht er in seinem Ärger eine ungerechte Welt. Wieder sieht er Parteien, die zuschauen und nichts dagegen zu tun scheinen, aber auch ihm nicht helfen. Und wieder wird er sich da verstanden fühlen, wo auch andere gegen solche Zustände wettern.

Bestechlichkeit

Im Vergleich zu einem einfachen Arbeiter oder gar einem Arbeitslosen verdient ein Spitzenpolitiker sehr viel. Auch wenn das im Vergleich zu den Spitzenmanagern großer Unternehmen trotzdem nur sehr wenig Geld ist, kommen natürlich schnell Neidgedanken auf, vor allem natürlich, wenn der Politiker keine Politik im Sinne des sogenannten „kleinen Mannes" macht.

Dennoch kommt es immer wieder vor, dass es einem Abgeordneten oder gar einem Minister nicht genug ist. Manche haben daher noch einen oder sogar mehrere Zusatzjobs. Doch leider gibt es dabei auch solche Volksvertreter, die dabei zu illegalen Methoden greifen. Gemeint ist nicht Diebstahl, sondern Bestechlichkeit. Nicht immer fällt das natürlich auf, doch hin und wieder hört man dann doch von einem solchen Fall.

Dabei wird von großen Teilen der Bevölkerung vieles in einen Topf geworfen. Gemeinsam ist jedoch bei allen Fällen, dass die konkrete Schuld den Politikern und mit ihnen den Parteien gegeben wird.

Da gibt es zunächst einmal illegale Parteispenden. Hier bereichert sich ein Politiker nicht selbst, sondern verschafft seiner Partei Gelder auf einem Weg, der nicht erlaubt ist. Die bekanntesten Beispiele dürften hier die Flick-Affäre, bei der alle damals im Bundestag vertretenen Parteien verwickelt waren, und die CDU-Spendenaffäre in den 90er-Jahren sein. Hier kommt noch erschwerend hinzu, dass der ehemalige Kanzler Kohl zwar die Annahme der illegalen Spenden zugab, aber die Namen der Spender nie preisgeben wollte. Dies wurde auch nicht weiter verfolgt als Kohl kein Kanzler und Abgeordneter mehr war und somit nicht mehr als immun gelten musste.

Die tatsächliche Bestechlichkeit, bei der also ein politisch Verantwortlicher in die eigene Tasche wirtschaftet, findet meist eine Ebene tiefer statt. Meist sind dies Politiker oder Parteiverantwortliche, die großen Teilen der Bevölkerung nicht bekannt sind. Diese nehmen das angebotene Geld oder andere Leistungen an und treffen dafür Entscheidungen, die im Sinne des Geldgebers sind. Sofern sie diese Entscheidungen nicht selbst treffen dürfen, werden sie als Gegenleistung aber all ihre Macht in die Waagschale werfen, im Versuch hierbei darauf hinzuwirken, dass die zuständigen Gremien eine Entscheidung im Sinne des Spenders treffen.

Ein bekanntes Beispiel ist hier wohl das Misstrauensvotum gegen den damaligen Bundeskanzler Brandt im Jahr 1972. Obwohl die oppositionelle CDU genug Abgeordnete hatte, blieb es bei einer Mehrheit für den damaligen Kanzler. Später gab es dann einige Indizien, dass etwa zwei CDU-, beziehungsweise CSU-Abgeordnete bestochen waren und daher nicht im Sinne der eigenen Partei stimmten. Auch die Stasi soll damals bei denjenigen gewesen sein, die Geld für den Stimmenkauf gegeben haben.

Hier ließe sich sicher auch eine lange Liste solcher Vorfälle aufführen. Doch würde diese den Rahmen sprengen und außerdem bleiben bei vielen Vorfällen viele Einzelheiten selbst dann im Dunkeln, wenn dazu ein Urteil gesprochen wird. Doch gibt es auch immer wieder Gerüchte, und es wäre schon recht eigenartig, wenn an keinem dieser Gerüchte etwas dran wäre,.

Bei diesen Urteilen, so denn überhaupt etwas zu beweisen war und die Angeklagten nicht mangels Beweisen freizusprechen waren, gibt es meist verhältnismäßig milde Strafen. Häufig hört man von Geldstrafen oder vielleicht in einigen wenigen Fällen auch mal von einer Bewährungsstrafe. Dies erscheint einem Beobachter wenig, da es ja recht häufig dabei um recht hohe Bestechungssummen geht und es außerdem bei den beeinflussten Entscheidungen um nicht weniger als das Wohl des Volkes geht.

Die Bestechlichkeit lässt sich auf allen Ebenen beobachten. Von den obersten Ebenen gab es ja schon einige Beispiele, doch selbst bis hinab in die kleinste Kommune lässt sich derartiges beobachten. Hier wird mal eine Reise bezahlt, damit ein Gewerbebetrieb eine Sondererlaubnis erhält oder dort etwas Geld für einen Beamten, damit er es bei einer Prüfung nicht allzu genau nimmt.

Wenn man immer wieder von solchen Dingen hört, und sei es nur als Gerücht, verliert man irgendwann den Glauben an die Ehrlichkeit in der Politik. Wie eine Entscheidung gefällt wird, scheint immer wieder davon abzuhängen, wie viel Geld dabei fließt. Und da ein Normalbürger weder genug Geld noch die Kontaktmöglichkeiten zu den Entscheidungsträgern hat, führt dies dazu, dass scheinbar keine Entscheidungen in seinem Sinne getroffen werden, sondern so, wie es den geldgebenden genehm ist. Geldgeber sind ja häufig Unternehmen, die ganz entgegengesetzte Interessen zu ihm haben.

Wie zu sehen war, betrifft die Bestechlichkeit nahezu alle etablierten Parteien, zumindest dann, wenn man bei seinen Bobachtungen auch Gerüchte berücksichtigt. Und irgendwann wird es dann zu viel, und unser Bürger findet auch hier wieder einen Grund sich von den etablierten Parteien abzuwenden. Zuerst wird er zum Nichtwähler, bleibt dabei aber nicht unpolitisch, findet nur einfach niemand mehr, den er für wählbar hält. Und wenn dann eine junge und unverbrauchte Partei auftaucht, die so schnell natürlich diesbezüglich noch nicht in Verdacht kommen konnte, interessiert er sich. Und wenn er dann sieht, dass auch andere ihren Protest gegen die etablierten durch Wahl der neuen Partei ausdrücken, schließt er sich an. Solange die Partei in der Opposition ist und deswegen auch nicht an Entscheidungen direkt beteiligt ist, wird auch kaum jemand versuchen, hier zu bestechen. Wenn dies einmal anders sein sollte, wird na-

türlich auch hier versucht werden, Entscheidungen
mit Geld zu beeinflussen.

120

Dem Land geht es gut?

Viele Menschen informieren sich über Nachrichten. Dies kann auf mannigfaltigen Wegen passieren, zum Beispiel in der Zeitung, im Fernsehen oder Radio, aber auch im Internet. Nicht wenige Menschen informieren sich sogar über mehrere Medien, nicht selten sogar mehrmals am Tag.

Innerhalb der einzelnen Medienarten hat jeder eine große Auswahl an Quellen. Da gibt es Anbieter, die den Boulevard bedienen, andere geben mit der Nachricht noch zusätzliche und tiefer gehende Informationen. Andere bedienen nur einen Teilbereich, beispielsweise Wirtschaftsnachrichten, Regionales oder es wird über internationale Politik informiert.

Viele informieren sich also selbstständig und freiwillig über das Geschehen im Land und auf der Welt. Wer dies nicht macht, aber regelmäßig in den sozialen Netzwerken unterwegs ist, wird auch dort mit Nachrichten konfrontiert. Irgendjemand postet immer einen Link zu einer Meldung, deren Inhalt ihn aufregt oder ihm gefällt. Und nicht selten blickt dann derjenige, der sonst keine Nachrichten konsumiert, darauf und liest den Artikel. So wird dann auch dieser Mensch zu einem Nachrichtenkonsument. Jedoch ist zu dieser Art der Informationsbeschaffung nicht zu raten, denn man kann sie missbrauchen. Ein Seitenbetreiber wird natürlich nur Nachrichten verlinken, die seiner politischen Einstellung entsprechen, andere Nachrichten werden nicht verlinkt, so das sie unser Mensch, der sich nur auf diesem Weg informiert, nicht zu sehen bekommt. Das benutzt natürlich auch eine Partei wie die AfD, sollen doch die Seitenbesucher auf den verlinkten Meldungen die Meinung und die Aussagen der Partei bestätigt sehen. Doch um diesen Missbrauch soll es hier nicht gehen.

Fasst man das oben Geschriebene zusammen, kann man wohl feststellen, dass nahezu jeder, der wählen geht, auch in irgendeiner Form Nachrichten konsumiert. Für viele sind Flugzeugabstürze, aufregende Kriminalfälle oder auch Sportereignisse das, was sie am nächsten Tag auf der Arbeitsstelle diskutieren. Doch bekommt man natürlich, auch wenn man sich eine solche Nachricht besonders merkt, trotzdem mit, was sonst noch gemeldet wurde.

Schaut man sich die Nachrichten an, wird man schnell sehen, dass von Seiten der gerade regierenden Politiker stets nur Aussagen zu hören sind, die die eigene Arbeit natürlich in einem guten Licht erscheinen lassen sollen. Da wird erzählt, dass ein erlassenes Gesetz Wirkung zeigt oder auch, dass sich durch die eigene Politik positive Effekte gezeigt haben. Das ist auch nachvollziehbar, wollen sie doch für ihr eigenes Tun gelobt und wiedergewählt werden, und außerdem sind sie von dem was sie sagen ja tatsächlich überzeugt. Viele Menschen erkennen das und messen solchen Nachrichten nicht allzu viel Bedeutung bei.

Doch es gibt auch unabhängige Nachrichten. Dazu zählen beispielsweise Umfragen oder auch Ergebnisse von Untersuchungen diverser Institutionen. Diesen misst man mehr Bedeutung bei, weil man sie gemeinhin für unabhängig hält und so davon ausgeht, die veröffentlichten Zahlen glauben zu können. Dass diese nicht immer unabhängig und neutral sind, sei hier nur ganz am Rande erwähnt. Denn bei Umfragen hängt zum Beispiel viel von der Fragestellung ab. Auch ist ein Ergebnis davon abhängig, wer die Studien oder Umfragen in Auftrag gegeben hat. Vieles lässt sich über den genauen Ausschnitt des untersuchten Themas in eine bestimmte Richtung lenken, und auch wie man das Ergebnis formuliert, kann alles andere als neutral sein.

Trotzdem bleibt es dabei, dass sich viele Menschen auf genau diese Zahlen berufen, wenn sie politisch diskutieren und Argumente vorbringen wollen. Insofern haben diese Zahlen ein großes Gewicht, egal, ob sie von Politikern als Beweis für ihre Erfolge herangezogen werden, aber auch für den ganz normalen Bürger, der diese Zahlen liest und sich dann fragt, welche Rolle er darin spielt.

Bei den meisten Studien, bei denen Erfolge oder Misserfolge sichtbar werden, handelt es sich um Themen, aus der Wirtschaft. Es geht darum, wie sich der Export deutscher Unternehmen ins Ausland entwickelt, wie sich bestimmte Branchen entwickeln oder auch wie unser Land im Vergleich zu anderen Ländern dasteht. Und hört man sich den Grundtenor solcher Meldungen an, so hört man weit überwiegend positive Nachrichten.

Man hört auch negative Nachrichten, zum Beispiel, dass die Spanne zwischen Arm und Reich mal wieder weiter auseinanderdriftet, dass es immer mehr arme Kinder in unserem Land gibt oder dass immer mehr Menschen einen Zweitjob brauchen, um über die Runden zu kommen. Doch diese Nachrichten scheinen vielen Menschen nicht so offiziell zu sein wie die positiven Wirtschaftsmeldungen, die mit Zahlen belegt sind. Die Wirtschaftsbeobachter haben es geschafft, sich ein scheinbar seriöses Ansehen zu verpassen, während den Gesellschaftsbeobachtern das Image anhaftet, dass dort nur interessenbezogene Nachrichten veröffentlicht werden würden. Dass dies nicht so ist, erkennen nur wenige, und auch die Politiker, die ihre Arbeit lieber positiv gesehen haben wollen, tun nichts daran, am Image der beiden Gruppierungen etwas zu ändern.

So sieht also der Nachrichtenleser in den für ihn als seriös geltenden Zahlen, dass es dem Land gut zu gehen scheint und es gerade dabei ist, dass es ihm noch besser geht. Nimmt man diese vom Leser als seriös angesehenen Zahlen, entdeckt man also laufend positive Nachrichten. Und dem Leser fällt so auf, dass es wohl dem Land gut geht, ihm selbst aber nicht.

Er bemerkt, dass es der Wirtschaft im Gegensatz zu ihm gut geht. Diese Wirtschaft ist es, die ihn nicht mehr benötigte und ihn arbeitslos gemacht hat. Oder sie hat ihren Erfolg damit erreicht, dass seine Arbeitsbedingungen und sein realer Lohn immer schlechter wurden. Und ihm scheint, dass es der Wirtschaft deswegen gut geht, weil es ihm schlecht geht.

So sieht er die guten Zahlen und wird genau durch diese frustriert. Wie so oft in seinem Leben fühlt er, dass er zu kurz gekommen ist, dass alle, wie zum Beispiel auch die Wirtschaft oder andere untersuchte Bereiche ihm davonrennen, ohne dass er auch nur die geringste Chance hat, dazuzugehören. Und da sich alle in der Politik so sehr über die Zahlen zu freuen scheinen, hat er den Eindruck, vergessen worden zu sein und nicht mehr dazuzugehören.

Es hängt davon ab, ob man Wolf oder Schaf ist, wie man den Satz bewertet, dass sich die Ernährungssituation in letzter Zeit verbessert hat. Gleiches gilt für unser Land. Ob es jemand besser als zuvor geht, hängt hier sehr davon ab, ob man arm oder reich ist. Gehört man zu den reichen Menschen, hat sich in den letzten Jahren tatsächlich viel zum Positiven geändert, gehört man zu den Armen, geht der Weg leider in die andere Richtung.

Auch hier finden Akteure wie die AfD also willfährige Folger. Dort sammeln und treffen sich die unzufriedenen und zukurzgekommenen Men-

schen, und natürlich auch diejenigen, die durch
die laufend positiven Wirtschaftsmeldungen depri-
miert werden, da sie von all dem Positiven nichts
abbekommen. Und sie finden ihresgleichen und
glauben dort eine Stelle gefunden zu haben, die
sich für sie einsetzt. Ob dies tatsächlich geschieht,
steht aber, wie wir später sehen werden auf einem
anderen Blatt.

Andere positive Meldungen

Mehrmals im Jahr gibt es Meldungen, dass es mal wieder irgendwo geldlich oder auch in anderen Belangen eine Verbesserung gegeben hat. Mal gab es eine Steuersenkung, mal eine Lohnerhöhung oder zu irgendwelchen Dingen werden ab dann Zuschüsse bewilligt oder erhöht.

Das ist natürlich schön und suggeriert, dass es unserem Land gut geht und seine Bewohner ab jetzt sogar noch besser leben können. Manchmal, wie bei Steuer- oder Zuschusssachen wird dies von der zuständigen Regierung entschieden, Lohnangelegenheiten werden zwischen den Gewerkschaften und den Arbeitgebern ausgemacht.

Doch immer scheint es so, als ob man selbst nichts davon hätte oder zumindest zu kurz kommen würde. Gibt es eine Steuerminderung, bleiben den Menschen, die nur für kleines Geld arbeiten nur wenige Euro Vorteil. Von dem durchschnittlichen ersparten Geld, das ein Durchschnittsverdiener angeblich als Vorteil hat, ist er weit entfernt. Wenn er wie so viele seinesgleichen arbeitslos sein sollte, hat er sogar gar nichts davon.

Irgendwann, wenn mal jemand genauer nachrechnet, wird sich bei solchen Steuersenkungen üblicherweise herausstellen, dass von der Senkung besonders diejenigen profitieren, die sowieso schon gut verdienen. Von den X Milliarden Euro, die eine Steuersenkung nach Aussagen der Finanzexperten kostet, scheint so der größte Teil bei denen hängen zu bleiben, die sowieso schon genug haben. Man selbst, der es eigentlich wirklich nötig hätte, ist offenbar mal wieder zu kurz gekommen. So wird dann für manche, die sowieso nicht viel haben, manche Steuersenkung eher zum Ärgernis denn zum freudigen Ergebnis, weil mal wieder die Falschen etwas davon haben.

Ähnlich verhält es sich bei den verteilten Zuschüssen. Nie ist man selbst bei einer solchen Gruppe dabei, die solche Gelder erhält. Denn um zu irgendwas einen Zuschuss zu erhalten, muss man in etwas investieren, das dann zuschussberechtigt ist. Man muss also ein Haus bauen, um einen Bauzuschuss zu erhalten, man muss ein Elektroauto kaufen, um die Möglichkeit von Zuschüssen zu kommen, oder man muss möglicherweise seine Stromversorgung auf eine Solaranlage auf dem Dach umstellen, um auch hier zu öffentlichen Geldern zu kommen. Doch wie soll sich ein Mensch, der sich zu kurz gekommen vorkommt und der ganz offensichtlich zum armen Teil der Bevölkerung zählt, so etwas überhaupt leisten können? Und wenn er so etwas nicht bezahlen kann, bekommt er natürlich auch die groß propagierten Zuschüsse nicht. Zuschüsse sind immer nur ein Teil des Geldes, das für das eigentliche Projekt auszugeben ist. Natürlich verringern sich die Ausgaben. Doch ein armer Mensch kann sich auch den verbleibenden Rest nicht leisten. Und so sind auch diese Zuschüsse etwas, das an ihm vorübergeht, ohne dass er etwas davon hat. Wieder sind es die Menschen, die sowieso schon mehr haben, die diese Gelder erhalten werden. Und wieder wird aus einer Meldung, die eigentlich positiv klingen soll, für ihn etwas, das Frust erzeugt.

Also bleiben noch die Lohnerhöhungen, von denen auch immer wieder zu hören ist. Wenn unser Protagonist arbeitslos ist, hat er sowieso nichts davon. Für ihn wird einmal im Jahr verkündet, dass es ab bald rund fünf Euro mehr für ihn gibt, und das war es schon. Da der Berechnungsschlüssel sich nach einem recht weltfremden Warenkorb richtet, der nicht auf das Leben armer Leute zugeschnitten ist, genügt dies üblicherweise nicht, die steigenden Kosten abzufangen. So war es in Berlin so, dass sich die Eintrittsgelder für die Schwimmbäder erhöht hatten. Ging man also als Arbeitsloser zweimal im Monat ins Bad, war die Erhöhung des Arbeitslosengeldes schon aufgefressen. Berücksichtigt man, dass auch andere Dinge eher teurer als billiger werden, hat ein Arbeitslosengeldempfänger trotz der Erhöhung seiner Bezüge letztendlich sogar weniger Möglichkeiten als vorher.

Doch auch wer arbeitet, aber zu den Geringverdienern gehört, hat häufig nichts von Lohnerhöhungen. Neun von zehn so freudig verkündeten Lohnerhöhungen betreffen ihn sowieso nicht, weil die Vereinbarung in einer anderen Branche gilt. Doch auch wenn er in der richtigen Branche arbeitet, kann es gut sein, dass er außen vor bleibt. Denn Menschen aus prekären Verhältnissen erhalten ihren Arbeitsplatz nicht auf einem Weg, der früher üblich war. Sie arbeiten bei Leihfirmen, so dass sie die Vereinbarung zu den höheren Löhnen nicht betrifft, oder ihr Vertrag ist so formuliert, das der Arbeitende nicht mehr zur eigentlich zu erwartenden Arbeitnehmergruppe gezählt wird. Diese Modelle sind nicht so selten. Unternehmen machen dies weniger, um die Lohnerhöhungen zu sparen, sondern vielmehr, um gleich von vornherein deutlich weniger für die gleiche Arbeit zahlen zu müssen. So wird dann aus einer einfach abgeänderten Formulierung im Arbeitsvertrag eine große Ersparnis für den Unternehmer, natürlich auf Kosten des Arbeiters, der sowieso schon wenig hat. Und schon wieder sieht unser Mensch, der sowieso schon nicht viel hat, dass er von einer eigentlich erfreulich klingenden Meldung nichts hat. Vorteile haben diejenigen, die schon lange einen solchen Job haben, also sowieso nicht am Hungertuch nagen. Bei ihm macht sich also auch hier mal wieder Frust breit.

Wir haben also von mehreren vermeintlich positiven Meldungen gehört, von denen unser potentieller Protestwähler nichts hat. Oft scheinen es Menschen zu sein, die mehr verdienen als er selbst, die etwas davon haben. Nicht Neid kommt auf, sondern Frust, dass so entschieden wurde. Wieder einmal war offenbar Geld da, das man verteilen konnte, und schon wieder ist nichts dabei für ihn abgefallen. Wie so oft ist er zu kurz gekommen und fühlt sich von den Regierenden vernachlässigt.

Auch dies wird wieder ein Grund sein, sich von den etablierten Parteien, die so entschieden haben, abzuwenden und sich eher Parteien zuzuwenden, die den Protest gegen dieses sogenannte System propagieren.

Die AfD-Methode

Hier sei also einmal in kompakter Form zusammengefasst, wie die AfD vorgeht.

Gegründet wurde die Partei als rechte Partei, die es als wichtigstes Ziel ansah, gegen den Euro zu agieren. Die Forderung steht auch heute noch etwas abgeschwächt im Parteiprogramm. Auch andere Forderungen jener Zeit sind ebenfalls heute noch im Programm zu finden. Auch wenn die Partei im Laufe ihres Bestehens noch ein Stück weiter nach rechts gerückt ist, lässt sich erkennen, dass der AfD ihre alten Ziele beibehalten hat.

Anfangs ging man wohl davon aus, dass man eher klein bleiben würde. Dennoch gab es Machtkämpfe, wer an der Spitze und auf entscheidenden Positionen im Parteivorstand sein solle. Dies deutet darauf hin, dass es nicht allen in der Parteispitze nur um das Durchsetzen von Zielen geht, sondern ihnen auch der persönliche Erfolg wichtig ist.

Dann kamen Wähler von noch weiter rechts dazu. Diese hatten vorher andere Parteien gewählt, sahen aber dort keine Chance, dass diese noch so viele Stimmen erhielten, um gehört zu werden. Dies brachte der AfD den ersten Schub, um zu mehr zu kommen. Dies wurde natürlich bemerkt, und es gab auch immer wieder Stimmen in der AfD-Spitze, die sich weit nach rechts aus dem Fenster lehnten. Das Programm wurde aber wegen dieser neuen Wähler, wenn überhaupt nur geringfügig geändert.

Doch hier kann man erkennen, wie die AfD vorgeht. Durch Äußerungen erweckt man den Anschein, als ob man auf die neuen Wähler eingeht, doch tatsächlich ändert man gar nichts, denn das Programm, das man ja letztendlich durchsetzen will, bleibt gleich. Der Grund ist einfach. Man möchte jeden Wähler haben, um die eigenen Ziele durchzusetzen, und wenn es sein muss, gaukelt man den neuen Wählern auch vor, ihre Ziele zu vertreten. Doch das ist nicht so, wie wir sehen. Gleichzeitig hilft diese Vorgehensweise auch denjenigen, die vor allem wegen der Posten im Parteivorstand sind. Wird die Partei mehr gewählt, wird sie mehr beachtet und die Position im Parteivorstand erscheint deutlich wichtiger. Das Vertreten des Programms ist für diesen Teil der Parteispitze nicht notwendig. Im Gegensatz zu den überzeugten AfD-Politikern, die auch diese Methoden anwenden, wären sie sogar bereit, etwas im Programm zu ändern, wenn es dadurch mehr Wähler geben und ihre eigene Position dadurch mehr glänzen würde. Genau aus diesem Konflikt heraus entstehen viele Streitereien innerhalb der verschiedenen Gremien der AfD.

Genau das Gleiche wie beim Hinzukommen der weit rechten Wähler ließ sich beobachten, als die vielen Protestwähler zur AfD fanden. Zuerst kamen die Euro-Skeptiker, die also genau zum Programm der Partei passten. Aus deren Äußerungen entnahm man, mit was sie sonst noch unzufrieden waren. Man sah eine Chance, dass auch aus dieser Gruppe der Unzufriedenen weitere Wähler zur Partei finden könnten.

Also machte man es wie bereits oben bei den Wählern von Rechtsaußen beschrieben. Aus dem Vorstand gab es immer wieder Äußerungen zu diesem Protestthema. Auch dieses Mal geschah dies wieder, obwohl nichts dergleichen im Parteiprogramm zu finden war, teilweise waren die Äußerungen sogar dem eigenen Programm entgegengestellt. Nie hatte man natürlich vor, das Programm tatsächlich in diese Richtung zu ändern.

Die Äußerungen wurden natürlich in einem provokanten Stil ausgesprochen, so dass auch gewährleistet war, dass diese eine große Verbreitung fanden. Auch Verschwörungstheorien und das Zuweisen von Schuld an andere Minderbemittelte gehörte hier zu den Instrumenten, die einzig zum Einsatz kamen, um Erfolg dabei zu haben, zu mehr Wählern zu kommen. Und tatsächlich stellte sich die gewünschte Wirkung ein. In großer Zahl kamen neue Wähler hinzu, die durch diese Äußerungen angezogen wurden.

Der gleiche Trick funktionierte also wieder. Man änderte nichts am Programm, stellte nur ein paar Aussagen in den Raum, und schon hatte man neue Wähler. Das ließ man natürlich gerne zu, zumal die Menschen offenbar überhaupt nicht mitbekamen, wie sie geködert wurden.

Die Aussagen wurden klar und deutlich ausgesprochen, so dass für jeden ersichtlich scheint, dass hier jemand eine klare Kante zeigt, also so wirkt, als ob er eine dieser Forderungen lebt. Also nicht wie bei den Altparteien, von deren Vertreter man nur noch vorsichtig abgewägte und scheinbar inhaltsleere Äußerungen hört. Auch dies trug zum Erfolg bei.

Nun ging es nur noch darum, die gewonnenen Menschen auch zu binden. Hierfür wurden vor allem die sozialen Netzwerke eingesetzt, wo die Menschen ihren Unmut äußern konnten und sich untereinander finden und vernetzen konnten. Hierzu gibt es ein eigenes Kapitel in diesem Buch.

Eigentlich ist der Trick also ganz einfach. Man erweckt den Anschein irgendwie zu sein, jedoch ohne wirklich so zu sein. Dass dies, was man dabei äußerte, überhaupt nicht im Programm zu finden ist und dass man auch nicht die Absicht hat, in dieser Richtung zu agieren, spielte keine Rolle. Der Parteispitze ist dabei einzig und allein die Steigerung der Wählerstimmen wichtig.

Es ist auch kaum zu erwarten, dass dies in absehbarer Zeit vielen der Wähler auffällt. Kaum jemand, auch nicht bei den Anhängern anderer Parteien, liest wirklich das Parteiprogramm. Man vertraut blind den Worten, die man von den Spitzen der Partei hört. So bleibt hier der Widerspruch unentdeckt. Unbemerkt bleibt also auch, dass sich hier vieles widerspricht und dass sich einiges für die Unzufriedenen sogar verschlechtern würde, wenn die AfD in die Lage käme, ihr Programm durchzusetzen.

Bis dahin kann sie aber weiter so agieren und wird möglicherweise auf diese Art noch mehr Unzufriedene an sich ziehen. Geholfen ist damit nur der Partei, man bekommt Wähler und diejenigen, die auf Posten und Mandate aus sind, erreichen auch ihr Ziel.

Solange die Partei in der reinen Opposition ist, wird sie an diesem Verhalten nichts ändern, schließlich bringt es ihr Erfolg. Erst wenn sie tatsächlich Einfluss haben könnte, zum Beispiel in einer Koalition, wird offenbar werden, dass die Partei weiterhin an ihren rechten und unsozialen Forderungen festhält. Erst dann werden die vielen Protestwähler erkennen, dass sie auch hier einmal mehr nur benutzt wurden, damit andere zum Erfolg kommen. Erst dann werden sie sehen, dass sie mal wieder trotz aller Versprechungen zu den Verlierern gehören.

Die Vernetzung

Viele der hier aufgeführten Gründe und Anlässe zur Unzufriedenheit gab es auch schon zu anderen Zeiten. Und immer wieder hat dies auch dazu geführt, dass die betroffenen Menschen zu Protestwählern wurden. Meist wurden dann sehr weit rechts stehende Parteien gewählt, die es verstanden, diese Klientel mit einfachen und markigen Worten anzusprechen. Auch damals gab es immer wieder mal zweistellige Prozentzahlen für solche Parteien, wie zum Beispiel im Jahr 2001 als die Partei Rechtsstaatlicher Offensive (Schill-Partei) 19,4 Prozent bei der Senatswahl in Hamburg erreichte.

Doch üblicherweise war es dann so, dass diese Parteien schon bei der nächsten Wahl in diesem Bundesland sehr deutlich an Stimmen verlor und schon bald in der Versenkung verschwand. Dies lag daran, dass die Parteien es zwar verstanden die Stimmen der Unzufriedenen einzufangen, aber sonst nicht in irgendeiner Weise in der Lage war, die Menschen mobilisieren zu können. Sie waren zudem in der Opposition, so dass kaum über sie gesprochen wurde, und wurden dann noch grobe Schnitzer begangen, kam das Ende schneller als man am Wahlabend erwarten konnte.

Dass es anders hätte gehen können, zeigten die Grünen zu Beginn der 80er-Jahre. Auch sie waren Opposition, aber ihre Gefolgschaft hatte ein gemeinsames Ziel, eine Utopie. Man wollte mehr

Umweltschutz und weniger Waffen. Die Partei schaffte es, dass Menschen außerhalb der Wahlkabine aktiv wurden und sich in unzähligen Initiativen engagierten, oder sie konnte bereits vorher existierende und in dieser Richtung aktive Gruppierungen davon überzeugen, dass man doch annähernd gleiche Ziele verfolgt und daher an einem Strang ziehen müsse. Auf solche Art mobilisierte Menschen sahen immer wieder Erfolge ihres Tuns, und so vergaß man dann natürlich auch nicht, beim nächsten mal wieder grün zu wählen.

Bei den rechten Parteien früherer Zeit war das anders. Sie schafften diese Mobilisierung und diese Bindung nicht. Außerhalb der Wahlkampfzeit bestanden ihre Aktivitäten praktisch nur in Parteiarbeit. Für einen normalen Bürger war jedoch die Hemmschwelle zu groß, zu einer solchen Sitzung zu gehen. Da die Zeitungen auch kaum etwas von den Parteitreffen berichteten, schien es so, als ob in den Jahren, für die sie ins Parlament gewählt wurden, rund um die Partei überhaupt nichts geschehen würde. Das war nicht, was sich der Protestwähler gewünscht hatte. Er wollte, dass sich seine Situation verbessert, doch nichts geschah. Er wäre auch gerne selbst aktiv geworden, um etwas daran zu arbeiten, doch das schien ihm nicht möglich zusammen mit dieser Partei. Also tat er bei der nächsten Wahl das, was er schon früher getan hatte: er ging nicht hin.

Dies ändert sich nun, nachdem die AfD auf dem Spielfeld erschienen ist. Dass dies so sein wird, liegt dabei zuerst weniger an der Partei selbst, sondern an den Lebensumständen, die sich zwischenzeitlich gravierend verändert haben. Wäre diese Veränderung nicht eingetreten, würde man in wenigen Jahren ziemlich sicher genau wie bei den alten Rechtsaußenparteien nur noch in der Vergangenheitsform von der Partei reden.

Was sich geändert hat, ist die Möglichkeit von Gleichgesinnten sich ganz einfach untereinander zu vernetzen. Man kann sich heute über das Internet miteinander unterhalten, auch mit Leuten, denen man sonst nie im Leben begegnet wäre. Bei einigen Wahlen zuvor, bei denen rechtsgerichtete Parteien auffällige Erfolge erzielten, gab es das Internet zwar auch schon, doch war es noch nicht so verbreitet und auch die Möglichkeiten der Kommunikation haben sich seitdem erweitert. Vielleicht waren diese damals schon in Ansätzen möglich, doch das wurde von den entsprechenden Parteien nicht erkannt und wurde daher auch nicht genutzt.

Besonders die inzwischen große Verbreitung von Facebook nutzte der AfD. War es sonst im Netz nur möglich sich statische Seiten anzusehen oder in kleinen gemischten Chatrunden zu kommunizieren, schaffte Facebook viele neue Möglichkeiten. So schuf Facebook die Möglichkeit, sich in Gruppen von Menschen mit gleichen Interessen zu organisieren. Eine solche Gruppe ist in wenigen

Augenblicken gegründet, und rund um eine Wahl, bei der es viele Protestwähler gibt, geht es schnell, dass sie auch viele Mitglieder hat. Nach Facebook kamen noch einige andere Anbieter aus diesem Bereich hinzu.

Ganz zu Beginn hatte die AfD diese Möglichkeit noch nicht erkannt. Man gründete Gruppen bei Facebook und anderen Diensten und legte auch diverse Webseiten an. Dies machte man, aber nur aus dem Gedanken heraus, dass man dies eben heute so macht. Zu Beginn versprach man sich also nicht allzu viel Erfolg davon. Doch schnell sah man, dass rund um die Wahltermine, bei denen eine größere Zahl aus Protest die AfD wählte auch sehr viele Menschen sich in den Facebook-Gruppen anmeldeten. Und hier sah man eine Chance, doch nicht so schnell wie die anderen Protestparteien in Vergessenheit zu geraten. Man erkannte, dass man diese Leute in den Gruppen etwas bieten musste, so dass diese das Gefühl haben, laufend für ihre eigenen Dinge aktiv zu sein. Schnell galt es nun also, dafür zu sorgen, dass diese Gruppen nie zur Ruhe kommen.

Früher war es so, dass man in seinem Umfeld unter seinen vielleicht dreißig Bekannten nur drei hatte, die politisch ähnlich fühlten, wie man selbst. Vielleicht begegnete man hier und da noch einigen weiteren, deren Gedanken in die gleiche Richtung ging, aber diese Begegnungen waren meist flüchtig und vergänglich. So traf man sich gerne mit diesen drei genauso denkenden Menschen, um sich zum

Thema Politik auszutauschen. Doch es waren eben nur drei, und so fühlte man sich allein und alleingelassen. Bei den restlichen Bekannten schwieg man zum Thema, da man immer in der Minderheit war und befürchtete, noch weiter ausgeschlossen zu werden.

Dies änderte sich nun. Da waren auf einmal Tausende Menschen, die genauso dachten und fühlten wie der sich benachteiligt fühlende Mensch. Endlich sah man, dass es so viele gibt, denen es genauso ging, wie einem selbst. Und die Möglichkeit, sich zu begegnen, hatte die Partei mit dem Kürzel AfD zur Verfügung gestellt, was zu großer Dankbarkeit und Verbundenheit bei diesem Klientel führte. Viele gingen nun täglich zu diesen Gruppen, um sich dort an Gesprächen und Diskussionen zu beteiligen. Viele haben endlich das Gefühl, irgendwo angekommen zu sein und lebten fortan schon fast in diesen Gruppen.

Recht schnell erkannte die AfD, was hiermit möglich ist. Man hatte wohl durch Zufall endlich das Bindeglied zwischen zwei Wahlen gefunden, das die Wähler im eigenen Sinne aktiv sein ließ, so dass sie sich auch bei der nächsten Wahl noch an diese Partei gebunden fühlen würden.

Nun galt es schnell dafür zu sorgen, dass diese Gruppe weiter köchelte und nicht erkaltete, was gleichbedeutend mit einem Ende der Partei einher gehen könnte. Also musste man Themen zur Verfügung stellen, über die in der Gruppe diskutiert werden kann. Nie durfte der Strom versiegen.

Mehrmals täglich wurden im Namen der Führungspersönlichkeiten Beiträge veröffentlicht, die genau das Herz und die Wünsche der vielen Follower trafen. Oft war es ein Hinweis auf wirkliche oder vermeintliche Missstände. Fast im gleichen Augenblick begann die große Empörung der vielen tausend Gruppenmitglieder, um sich damit Luft zu schaffen.

Viele Themen werden in meist provozierender Art dort mit dem Zweck angesprochen, damit die Mitglieder der Gruppe sich gemeinsam empören konnten. Man hatte viele Zukurzgekommene, viele, die sich vom sogenannten System benachteiligt fühlten und viele, die merkten, dass sie an anderer Stelle nicht ernst genommen werden, zur Partei gezogen. Da diese Menschen aus so unterschiedlichen Bereichen kamen, gab es auch genug Möglichkeiten, immer wieder neue Themen, Thesen und Forderungen unter das Volk zu bringen. Mal zeigte man angeblich, wie andere Geld bekamen, dass doch eigentlich den hier Anwesenden gebührte, mal schrieb ein AfDler etwas zu einer Verschwörungstheorie, oder es wurde mal wieder „aufgezeigt", wie ungerecht doch die Verteilung der Güter in der Gesellschaft vor sich geht. Und stets hatte man die Gefolgschaft, die sich brav über diese Umstände empörte.

Ging man dabei doch einmal so weit, dass man nachweislich falsche Meldungen dort veröffentlichte, ließ man der Empörung dieser Gefolgschaft eine Weile trotzdem freien Lauf und entfernte die

Botschaft dann wieder. Niemand der Jünger störte dies, hatte man doch inzwischen dort schon wieder so viele neue Meldungen vorgebracht, dass diese eine nicht weiter ins Gewicht fiel.

Die Parteiführung veröffentlichte diese vielen Beiträge nicht, um Andersdenkende zu überzeugen, sondern ausschließlich, um die eigene Gefolgschaft aktiv und bei der Stange zu halten. Es ging ihnen auch nicht darum, eine Diskussion zwischen Gefolgsleuten und Andersdenkenden anzufachen. Es ging ausschließlich darum, die Leute zusammen und in Bewegung zu halten.

Nun kann sich zu solch einer Gruppe bei Facebook jeder anmelden. Er braucht dann noch eine Bestätigung der Anmeldung des Betreibers, hier also der AfD, doch geschieht dies automatisch oder zumindest ohne zu prüfen, ob der Neuanmelder auch wirklich zur Gruppe und damit zur Partei passt. So kann sich natürlich auch leicht jemand dort anmelden und zu den dortigen Themen äußern, der eine andere Einstellung hat. Dies geschah auch am Anfang recht häufig, oft mit der Absicht auch mit diesen Menschen zu reden und diskutieren zu wollen. Doch das störte die Parteistrategen, irgendwann begann man damit, solche Menschen von der Seite wegzuekeln. Man wollte, dass sich die Menschen in der Gruppe als große, homogene Masse empfinden, die dort in ihrem Sinn aktiv ist. So blieben nur einzelne zurück, die versuchten wie Don Quichotte gegen die Windmühlen der AfD anzukämpfen. Doch sie konnten keinen Erfolg haben. Einerseits sind es nur noch einzelne, die hinzukamen, andererseits sehen sie sich, weil sie so alleine dort sind, einer riesigen Vertretung von Gegenmeinungen gegenüber. Es ist nicht der Kampf gegen eine Windmühle, sondern gegen einen Kraken. Hat man endlich mal einen der Arme im Griff, so kommen sieben andere, um den eigenen Körper zu umschließen. Und schafft es jemand, doch einmal Argumente stichhaltig herüberzubringen, so dass man nichts mehr dagegen sagen kann, dann wird man eben blockiert oder ignoriert werden, kann selbst nichts mehr sagen und die Argumente verschwinden in der Timeline schnell nach hinten. Wo dies nicht schnell genug geht, werden dann auch einmal Beiträge gelöscht.

Das was bei den Grünen die Initiativen und Bürgerbewegungen waren, ist bei der AfD die Facebook-Seite. Man hält die Leute bei der Stange und sie arbeiten im Eigeninteresse daran, vermeintlich schlechte Bedingungen zu verbessern. Insofern ist, solange die AfD diesen Weg beibehält, auch nicht damit zu rechnen, dass sie wieder von der Bühne verschwindet. Die Menschen sind aktiv, sie leben teilweise in diesem isolierten Raum, der ihnen geboten wurde.

Noch etwas ist bei der AfD zu beobachten: Dort herrscht ein aggressiver und teilweise diffamierender Kampfton, der gegen die Nichtwähler der Partei gerichtet ist. Die AfD lässt dies bewusst zu, ohne mäßigend einzugreifen. Denn niemand anderes würde bei diesem Ton noch mit den Menschen reden. Die Menschen können also nicht zurück und bleiben so bei der AfD, was natürlich ganz im Sinn der Parteistrategen ist.

Bestenfalls kann es passieren, dass sich die AfD selbst schadet. Schon in der kurzen Vergangenheit haben die Partei und deren Führungspersonal grobe Fehler begangen, die bei nahezu jeder anderen Partei zu einem immensen Verlust an Stimmen geführt hätten. Doch hier stört das niemand, hat man doch hier endlich die Gemeinschaft der Gleichgesinnten gefunden. Und sollten doch einmal so große Fehler passieren, egal ob durch die Partei oder durch Menschen, die in ihrem Namen sprechen, dass sich tatsächlich Verluste bei den Wahlen erkennen lassen, würde dies nicht endgültig helfen. Dann wäre da schnell eine ähnlich angelegte Partei, die sich der gleichen Methoden des Bindens über Gruppenbildung in den sozialen Medien bedienen würde. Das Problem wäre dann nur an eine andere Stelle verschoben, nicht gelöst worden. Die Zeit lässt sich nicht mehr zu einem Punkt zurückdrehen, zu dem es noch keine sozialen Netzwerke mit all ihren Möglichkeiten gab. Möchte man es lösen, muss man den sich als Verlierer fühlenden Menschen Möglichkeiten anbieten und nicht nur an Mittelstand, DAX, Exportüberschuss oder Ifo-Index denken. Ein Zufriedenheits-Index innerhalb der Bevölkerung wäre doch auch einmal eine gute Idee, um seine Politik daran auszurichten.

Immer neue Forderungen

Um die angezogenen Menschen bei der Stange zu halten, spricht die AfD immer neue Forderungen aus. Wichtig ist ihr dabei, dass diese Forderungen populistisch formuliert sind, also auch von einem einfachen Menschen leicht zu verstehen und auch leicht nachzusprechen sind. So besteht die eigentliche Forderung meist aus einem einzigen Satz, der üblicherweise nur recht wenige Wörter enthält.

Mit diesem Rezept haben es auch schon die Boulevard-Zeitungen geschafft, zu einer großen Zahl an Lesern zu kommen. Auch hier gibt es eine knackige Überschrift, die reißerisch daherkommt. Im eigentlichen Bericht gibt es dann fast ausschließlich kurze Sätze, die leicht zu lesen und zu verstehen sind. Auch sind die Berichte nicht allzu lang gehalten, was wenig leseaübte Menschen auch den Text bewältigen lässt. Und zuletzt wird so weit es geht auf Fremdwörter verzichtet. Aus einem Kriminellen wird ein Verbrecher, aus einem Anästhesisten wird ein Narkosearzt und der Lyriker wird zum Dichter, Wie man sieht, werden selbst einfache Fremdwörter vermieden und zusammen mit den anderen Maßnahmen erreicht man dadurch große Teile der einfachen Bevölkerung.

Auch die AfD verfährt so und fährt damit sichtlich großen Erfolg ein. Sie unterscheidet sich hier von anderen Parteien. Bei diesen gibt es so etwas nicht. Man hört außerhalb von Wahlkämpfen sowieso so gut wie nie etwas von deren Forderungen. Eine Ausnahme bilden hier Streitgespräche zu einzelnen Themen. Hier werden dann gegebenenfalls auch Parteiforderungen ausgesprochen, doch im Gegensatz zur AfD und Boulevardblättern wird nicht darauf geachtet, für das gemeine Volk verständlich zu sprechen. Ansonsten hört man diesbezüglich nichts. Offenbar ist man der Meinung, dass man mit dem Druck eines Parteiprogramms schon genug dazu gesagt hätte. Doch kaum jemand aus dem einfachen Volk liest und versteht die oft verschwurbelt geschriebenen Texte.

Auch die AfD hat ein solches Programm geschrieben. Doch wird man nicht zu diesem gelenkt, wo man etwas zu den Hauptzielen der Partei erfahren könnte. Stattdessen werden die Aussagen der Vertreter laut und deutlich ausgesprochenen und in kurze und prägnante Sätze gepackt.

Wichtig ist der AfD bei ihren Forderungen, dass sie gegen etwas gerichtet sind. Es wird also beispielsweise nicht mehr Geld, sondern ein Ende der Armut gefordert. Man richtet sich gegen Burka, gegen Asylanten, gegen Banken oder gegen die GEZ. Dies macht man so, weil man ja die gegen das System Protestierenden hinter sich gebracht hat, und sich bei einem Protest ja immer gegen etwas gerichtet wird.

Natürlich bekommen bei einem solchen Kurs auch die aktuell verantwortlichen Politiker den Protest zu spüren. Der Satz „Merkel muss weg“ ist dabei fast zu einem geflügelten Wort geworden, doch auch andere Politiker bekommen dies zu spüren. In vielen Bereichen kann man bei den Diskussionen schon von Mobbing sprechen, wenn man beobachtet, mit welcher Aggressivität diese Vorwürfe und Forderungen vorgebracht werden.

Die Partei hält so die bereits miteinander vernetzten Follower aktiv, so dass sie weiterhin in diesem Umfeld bleiben und dazugehören wollen. Es ist zu erwarten, dass die AfD diesen Weg weitergehen wird. Man kann gegen so viel sein und dies auch äußern, wenn man zu den Unzufriedenen gehört. Wohl immer wird wenigstens ein Teil dieser Forderungen aufgegriffen und weiterverbreitet und sei die Forderung auch noch so unsinnig. Wenn man sich dann doch mal vergriffen hat, wiederholt man sie einfach nicht mehr, und sie wird schnell vergessen. Solange die Partei also weiter so verfährt, wird sie als Protestpartei wahrgenommen und findet entsprechende Wähler.

Man kann natürlich darüber streiten, ob diese Methode Wähler zu binden gut und ethisch vertretbar ist. Doch eines muss dabei gesehen werden, die Partei hat damit Erfolg und daher muss man dies zur Kenntnis nehmen und auch darüber sprechen, wenn man den Grund für die Wahlerfolge ermitteln und analysieren will.

Aufruf zu Aktionen

Die AfD hat rechte Ansichten und ein Programm, in welchem diese verankert sind. Und sie ist bestrebt, dass viele dieser Forderungen auch durchgesetzt werden. Dazu braucht sie natürlich Wähler, denn als Minderheitenpartei, mit der zudem niemand zusammenarbeiten möchte, wird es natürlich nicht dazu kommen.

Also muss sie dafür sorgen, dass ihre Gefolgschaft weiter wächst oder dass ihre Forderungen so laut ausgerufen werden, dass sie nicht zu überhören sind. Im ersten Fall könnte sie selbst für die Durchsetzung sorgen, im zweiten Fall wäre davon auszugehen, dass andere Parteien diese Forderungen aufgreifen und sie unter eigenem Namen erfüllen.

Damit dies geschehen kann, braucht die AfD ihre Mitglieder und Gefolgsleute. Rassistische, populistische und auch zum Teil sexistische Elemente wurden von Donald Trump bewusst eingesetzt, um in die Öffentlichkeit zu kommen und durch die vermehrte Präsenz zum Erfolg zu kommen. So erst wurde er für die Unzufriedenen sichtbar, die fortan seine Hoffnung in ihn setzten. Die Befürchtungen, die sich durch Brexit oder Trump ergeben, sind für die angestrebten Wähler weniger schlimm als die Zustände und die Unzufriedenheit, in der sie jetzt leben. Wie groß muss also diese Unzufriedenheit sein? In der ganzen westlichen Welt ist genau dies zu beobachten. Ganz ähnlich verfährt auch die AfD in unserem Land, wenn es darum geht, Wähler zu gewinnen.

Die Partei alleine hat eigentlich bereits das erreicht, was sie aus eigener Kraft erreichen kann. Sie hat es geschafft Protest- und Nichtwähler zu Wählern der eigenen Partei zu machen, doch mehr als die erreichten Prozente gibt es auf diesem Weg nicht. Mehr Wähler können es nur werden, wenn auch die schon gewonnene Gefolgschaft aktiv wird.

Und genau dazu fordert die Partei auf. Sie hat da gleich mehrere Variationen dieser Aktivitäten auf Lager.

So sollen die Leute Leserbriefe schreiben, sowohl bei Print- als auch bei Online-Zeitungen. Besonders bei Online-Ausgaben ist dieses Verfahren der Partei sehr hilfreich, da dort praktisch alles veröffentlicht wird, wenn es nicht gerade gegen geltende Gesetze verstößt. Die Menschen, die dort kommentieren, machen dies scheinbar eigenständig, also ohne den Background der Partei. Doch fällt natürlich auf, dass alle das gleiche Credo vertreten. Obwohl die Partei nur von weniger als einem Sechstel der Menschen gewählt wird, wirken die AfD-treuen Meinungen innerhalb der Lesermeinungen so, als wären diese in der Mehrheit. Auf eine solche Wochenzeitschrift, die ebenfalls auch online zu lesen ist, scheinen sich diese Menschen geradezu fixiert zu haben. Ich möchte sie hier nicht benennen, da diese durch das Zulassen dort ja indirekt diese Aktivitäten unterstützt. Zu manchen Themen, die in die Welt der Wähler der populistischen Partei passen, gibt es häufig dort gleich eine dreistellige Zahl an Kommentaren. Und alle haben sie den gleichen rechten Klang, fast so, als ob sie alle aus der gleichen Vorlage abgeschrieben worden wären.

Gleichfalls werden die Gefolgsleute dazu animiert, sich aktiv in den sozialen Medien und in passenden Foren zu engagieren. Auch hiervon wird rege Gebrauch gemacht. Fast immer, wenn es irgendwo etwas zu einem passenden Thema zu lesen gibt, kann man sicher sein, dass recht bald auch jemand aus der AfD-Ecke einen Kommentar dazu abgibt. Doch diese Systeme beruhen auf dem Prinzip der sogenannten Freunde oder Folger. Viele haben zu den Schreibern, die ganz offensichtlich nur kommentieren, um der AfD neue Folger zu bringen, inzwischen den Kontakt abgebrochen, so dass diese dort dann nicht mehr für sie sichtbar kommentieren können. Wenn dies weiterhin konsequent durchgezogen wird, ist zumindest in diesem Bereich irgendwann dafür gesorgt, dass den Rechtspopulisten zumindest dieser Verbreitungsweg genommen ist.

Die AfDler wünschen solche Aktivitäten nicht nur im Netz, sondern auch im wahren Leben. So rufen sie dazu auf, sich nicht zu verstecken und ihre Gespräche öffentlich zu führen und dabei Forderungen auszusprechen. Nicht nur wenn sie unter sich sind, sondern auch wenn man als Einzelperson an einem Tisch mit andersdenkenden Menschen sitzt, sollen sie aktiv sein. Die Menschen kommen dem gerne nach, waren sie doch in ihren Augen lange genug einer der Verlierer und haben dazu geschwiegen.

Der AfD gefällt jede dieser Varianten und wenn es noch andere gibt, bei denen sich Parteifreunde öffentlich äußern, gefällt ihr auch das. Ihr gefällt Öffentlichkeit jeder Art, wie auch immer sie geschaffen wird. Ihr geht es dabei primär allerdings weniger darum, was die einzelnen Gefolgsleute dort äußern oder fordern, es geht ihr um das Gesehenwerden als solches.

Jede öffentlich gemachte, für die Partei positiv klingende Äußerung erhöht deren Bekanntheitsgrad. Jede dieser Äußerungen kann dazu führen, dass sie auf ebenfalls zu kurz gekommene trifft, die dann ebenfalls für sich sehen, dass hier jemand ihre Sprache spricht. Dass es nicht die Partei, sondern unabhängige Menschen sind, merken viele erst einmal nicht und setzen das gleich. Und möglicherweise werden sie bald auch zu solchen Gefolgsleuten und wählen bei der nächsten Wahl dann auch die AfD. Das ist es, was die Partei an diesen öffentlichen Aktivitäten so positiv sieht. Wieder ein neuer Wähler auf dem Weg dahin, bei ausreichender Wahlunterstützung, die wahren Ziele der Partei durchzusetzen.

Und dann wird dadurch zugleich noch das zweite Ziel erreicht. Durch die dauernde und scheinbar flächendeckende Präsenz werden die Forderungen und Themen unübersehbar. Obwohl es ja nur rund zehn oder zwölf Prozent der Bevölkerung sind, scheinen sie von einem großen Teil der Menschen zu kommen. Dies führt dann dazu, dass andere Parteien dieses aufgreifen. Besonders die CSU und größere Teile der CDU tun sich hier hervor. Aber auch die SPD und sogar weitere Parteien haben sich bereits in dieser Richtung betätigt.

In offenbar vorauseilendem Gehorsam vertreten diese auf einmal Positionen, die zuvor nur im AfD-Programm zu finden waren. Sie taten dies, obwohl sie hätten wissen müssen, dass in diesem Fall 'laut' nicht gleichbedeutend mit 'viel' ist. Sie taten es in der vergeblichen Hoffnung, damit Ruhe in diese Diskussionen zu bringen.

Sogar die Sprache wird übernommen. So reden auf einmal nahezu alle Politiker von einer Flüchtlingskrise, obwohl es eine solche Krise nicht gibt. Die zu uns kommenden Flüchtlinge bieten unserem Land viele Chancen, die wir allein schon wegen des demographischen Wandels sonst nicht gehabt hätten. Das Wort Flüchtlingskrise ist zu Recht in der engeren Wahl bei der Wahl zum Unwort des Jahres 2016.

Doch sie täuschten sich, denn die Menschen, die so eigentlich ruhig gestellt werden sollten, fühlten sich bestätigt und machten deswegen sogar verstärkt weiter. Der AfD half dies letztendlich als einziger Partei, denn sie schien mit ihrem Weg erfolgreich zu sein. Und die etablierten Parteien, allen voran die CSU sind somit am Erfolg der Rechtsaußen-Partei mit Schuld.

Verschwörungstheorien

Wenn man Menschen, die bei Wahlen ihren Protest ausdrücken möchten, eine Heimat bieten will, muss man natürlich auch selbst etwas bieten. Dies könnte eine Alternative zu den bestehenden Parteien sein. Wäre dies der Fall, würde man sein Parteiprogramm deutlich offenlegen, um den Leuten zu zeigen, dass man wirklich etwas anders machen will.

Die AfD sieht sich genau so, oder besser gesagt, sie möchte so wirken. Dazu hat sie auch gleich das Wort „Alternative" in ihren Namen aufgenommen. Wer jetzt aber erwartet, dass die AfD nun auch mit ihrem Programm punkten möchte, sieht sich getäuscht. Zwar gibt es ein solches Programm, das man auch öffentlich einsehen kann, doch scheint es eher so, dass die Partei bei den Diskussionen mit und unter den Mitgliedern und Anhängern nicht allzu viel Wert darauf legt, dass über dieses geredet wird. Man hat also vielmehr den Eindruck als würde es die Partei auf die Stimmen der Protestwähler absehen, und wenn man dann ausreichend groß ist, wird das tatsächliche Programm der Partei durchgesetzt, das kaum etwas zu den Problemen der Zukurzgekommenen sagt, sondern ganz andere Ziele verfolgt.

Also muss etwas anderes her, über dass man gemeinsam reden kann und das gleichzeitig die Leute bei der Stange hält. Und hier bietet sich für eine

Protestwähler-Partei an, den Menschen einen Schuldigen zu bieten, der für deren Misere verantwortlich sein muss.

Da bietet sich natürlich zuerst an, den gerade regierenden Partien und Menschen die Schuld für alles zu geben. Ganz stark geht es natürlich gegen die aktuelle Regierungschefin, teilweise so heftig, dass man schon von Mobbing sprechen kann. Aber auch die anderen aktuellen Volksvertreter kommen nicht zu kurz, wenn es darum geht, ihnen mit teilweise übelsten Vorwürfen und Diffamierungen zu begegnen.

Doch das reicht manchen Menschen noch nicht. Sie brauchen noch mehr Schuldige. Ihnen reicht es nicht, der aktuellen Regierung vorzuwerfen, dass sie an ihrem Leid schuld sei, für sie ist es gleich das ganze System, und wenn hierbei Vorhaltungen ausgesprochen werden, kommt es zu den abstrusesten Unterstellungen. Die Menschen glauben teilweise wirklich, dass sich dieses sogenannte System gegen sie und ihresgleichen verschworen hat. Mangels anderer für sie nachvollziehbarer Gründe für ihre Misere haben sie sich hierhin geflüchtet. Wir kommen also nun in die Welt der Verschwörungstheorien.

Es gibt da die abenteuerlichsten Varianten. So gibt es Menschen, die tatsächlich glauben, dass von Flugzeugen Chemikalien über der Bevölkerung versprüht werden, um diese ruhigzustellen. Andere, die sogenannten Reichsbürger glauben daran, dass es unser Land in dieser Form überhaupt nicht gibt, sondern dass stattdessen noch irgendwelche alten Verträge gültig seien. Diese Leute glauben tatsächlich, dass demnach Polizei, Gerichte und auch die gewählte Regierung nicht legal eingesetzt wurden und verweigern ihnen somit konsequent die Akzeptanz. Weisungen von diesen oder andern legalen Institutionen werden nicht akzeptiert. Und wieder andere glauben, dass unsere aktuelle Regierungsvertreter von den USA hier als Marionetten eingesetzt wurden.

Nichts ist abstrus genug, um nicht auch als eine Theorie veröffentlicht zu werden. Es gibt noch scheinbar viel mehr solcher hier nennbarer Unterstellungen, doch würde es den Rahmen sprengen, hier noch weitere aufzählen zu wollen. Auch wird es hier nicht darum gehen, Widerlegungen zu formulieren. Hier sollte ja schon der gesunde Menschenverstand genügen, um zu sehen, dass es sich nur um Spinnereien handelt, in die sich manche Menschen verlaufen haben. Hier bedarf es daher keiner Widerlegung.

Auch die Spitzen aus verantwortlichen und für die Öffentlichkeitsarbeit zuständigen Menschen der AfD wissen natürlich größtenteils, dass es sich hierbei nur um verwirrte Spinnereien handelt. Dennoch lassen sie solchen Behauptungen und Diskussionen darüber gerne zu. Jede andere Partei, die seriös handelt, würde dies nicht zulassen, man würde sich von solchen Menschen abgrenzen.

Doch der AfD helfen solche skurrilen Gespräche. Geht es doch wie gesagt darum, die Gefolg-

schaft vom eigentlichen Parteiprogramm fernzu-
halten und stattdessen Schuldige zu präsentieren,
über die man gemeinsam schimpfen kann. Und
bei jeder dieser Verschwörungstheorien gibt es
auch einen solchen Schuldigen und üblicherweise
ist es das aktuelle System oder die aktuelle Regierung.

Die Partei geht dabei recht geschickt vor, was
eine strategische Planung diesbezüglich vermuten
lässt. Meist ist es nicht sie selbst, die eine solche
Theorie zum Thema macht. Sie lässt es einfach nur
zu. Und sollte mal eine Zeitlang nichts dergleichen
diskutiert werden, dann wirft sie ein Stichwort in
den Raum, ganz ohne die Theorie dabei selbst zu
vertreten und kann dann sicher sein, dass es Teile
der Gefolgschaft geben wird, die darauf anspringen-
gen, um die neuesten Entwicklungen zu ihren eigenen Verschwörungstheorien zu vermelden.

Nun darf man die Menschen, die solche Theori-
en verbreiten oder unterstützen nicht einfach als
dumm hinstellen. Wie in den vorherigen Kapiteln
des Buches erläutert, haben viele Menschen einfach
den Anschluss verpasst. Irgendwann verstanden sie
die ganze Entwicklung vom Land und in der EU
einfach nicht mehr. Da es ihnen auch niemand er-
klärte, fühlten sie sich, was die aktuelle Politik an-
ging in einem leeren Raum. Und als sie dann doch
endlich wieder verstehen wollten, kamen sie auf
solche Konstrukte oder hörten von ihnen und sie
erschienen ihnen schlüssig. Und dann blieb es dabei und sie haben bei der AfD einen Raum gefun-

den, wo sie diese Theorien widerspruchslos diskutieren können. Insofern hat die AfD so natürlich
auch dann, wenn sie die Idee nicht selbst aufge-
stellt hatte oder anderswie vertrat eine Mitschuld
daran, wenn sich dieses abstruse Zeug weiter verbreitete.

Lügenpresse

Dieser Begriff kam mit den Pegida-Demonstrationen in Dresden auf. Hier schrien die Demonstrationen ihn aus und wollten offenbar damit zum Ausdruck bringen, dass ihrer Meinung nach die Medien nicht die Wahrheit sagen oder Dinge verschweigen. Später übernahmen auch die AfD und Teile ihrer Anhänger diesen Begriff.

Mit Presse sind hier sämtliche Medien gemeint, aber besonders Zeitungen, Fernsehen und Radio. Der Vorwurf, der immer wieder zu hören ist, lautet in etwa, dass die Staatsmacht beeinflussen würde, welche Meldungen dort verbreitet werden und wie diese formuliert werden, damit es nichts Systemkritisches gibt.

Es gibt unzählige dieser Medien. Es dürfte hunderte Zeitungen und Zeitschriften geben, wobei sich jedoch manche auf Fachgebiete spezialisiert haben, deren Betrachtung hier nicht relevant ist, zum Beispiel Auto- oder Sportzeitschriften. Ebenso verhält es sich bei Radio und Fernsehen, wobei hier noch dazukommt, dass es privatwirtschaftliche Sender gibt, die sich über Werbung finanzieren und auch öffentlich rechtliche Sender, die sich nur zu einem Teil über Werbung finanzieren und der größere Rest des Geldes über zwangsweise eingeholte Beiträge hereinkommt. Besonders gegen die letzte Gruppe richtet sich die Abneigung der Protestierenden. Manche gehen sogar soweit, dass sie wegen der angeblichen Lügen, das System der Beitragsfinanzierung in Frage stellen, obwohl ja eigentlich gerade diese deswegen existiert, um eine neutrale Berichterstattung zu gewährleisten.

Die öffentlich finanzierten Sender sind gehalten, neutral zu sein, während Privatsender oder Herausgeber von Druckerzeugnissen sich nicht daran halten müssen. So gibt es also in Deutschland eine Vielzahl von Medien, die politisch fast sämtlich jeweils anders einzusortieren sind. Es gibt deutlich konservativ ausgerichtete Zeitungen genauso, wie es andere gibt, die eher dem linken Spektrum zuzuordnen sind. Bei Privatradio und -fernsehen gibt es weniger deutliche Unterscheidungen in dieser Richtung, doch auch hier sind sie zu beobachten. Wer aufmerksam Nachrichten und Medien verfolgt, weiß dies und informiert sich bewusst bei einem Medium, dass seiner politischen Meinung recht nah ist. Liest oder hört er einmal etwas woanders, ist er demnach eher misstrauisch, was den Wahrheitsgehalt oder die Objektivität bei den Meldungen betrifft.

Dies ist auch nicht schlimm, zeigt es doch, dass es in unserem Land Meinungsfreiheit gibt. Solange bei den Nachrichten nicht gelogen wird oder man bewusst sehr wichtige und entscheidende Dinge verschweigt, um die Meinung in eine ganz bestimmte und gewünschte Richtung zu lenken, ist daran nichts verwerflich. Lediglich in einer Diktatur in der Meinungs- und Pressefreiheit beschränkt oder gar unterbunden werden, klingen sämtliche

Nachrichtenmeldungen gleich. Dort bedarf es also im Gegensatz zu hier auch nur sehr weniger Medien, die sich kaum in den Meldungen, sondern eher in der Aufmachung unterscheiden. Es ist also allein schon die große Zahl der Medien bei uns ein sicheres Zeichen dafür, dass hier Meinungsfreiheit herrscht und dass die veröffentlichten Meldungen weder vorgeschrieben, verboten oder auch nur beschränkt werden.

Diese eher geringen Unterschiede in der Art der Darstellung oder auch in Auswahl und Formulierung der Themen ist von den Protestierenden, die das Wort Lügenpresse verwenden auch nicht gemeint. Sie glauben an viel tiefer reichende Dinge, bei denen nicht der Nachrichtenverbreiter selbst seine Nachrichten nach seinen Wünschen gestaltet, sondern wo von außen eingegriffen wird, wobei mit außen hier die aktuell regierenden Parteien gemeint sind. Sie glauben daran, dass Wahrheiten verschwiegen werden, um die Bevölkerung ruhig zu halten und dass aus ähnlichen Gründen andere falsche Meldungen verbreitet werden.

Dies klingt tatsächlich schon wie eine Verschwörungstheorie. Letztendlich ist es auch eine solche und gehört daher eigentlich zu den merkwürdigen Theorien der AfD- oder Pegida-Anhänger, die an anderer Stelle beschrieben sind.

Doch auch wer nicht so weit geht, verwendet häufig als AfD-Anhänger diesen Begriff. Diese eher gemäßigten Anhänger der Lügenbewegung vermissen eher, dass dort nicht so berichtet wird, wie es ihrer Meinung entspricht. Sie vermissen also, dass dort über ihre Forderungen berichtet wird und ärgern sich, wenn dort etwas von realen Erfolgen in der Gesellschaft zu lesen ist.

Gewiss kann und muss man darüber diskutieren, ob es richtig ist, so wenig über die Nöte der Zukurzgekommenen lesen zu können. Doch deswegen von Lügen zu sprechen und entsprechende Theorien hierzu zu verbreiten, hat schon etwas sehr Merkwürdiges. Ganz abstrus wird es natürlich bei den Aussagen, die hier von staatlicher Leitung sprechen. Auch wenn, wie später beschrieben wird, einiges verbesserungswürdig ist, ist es falsch und bewusst provozierend, hier von einer staatlich gelenkten Lügenpresse zu sprechen.

Ob der Vorwurf falsch oder wahr ist, ist zwischen der Mehrheit der Bevölkerung und der AfD-Bewegung umstritten. Da es keinerlei auch noch so kleine Anzeichen zur Wahrheit der Vorwürfe gibt, sollte man also annehmen, dass es hier einen freien Journalismus gibt.

So sollte man daher nun annehmen, dass die Menschen dieser Gesinnung besonders sorgfältig sind, wenn es darum geht, Meldungen zu verbreiten. Doch dem ist nicht so. Dort werden immer wieder Meldungen verbreitet, die sich schon nach kurzer Prüfung als falsch und gelogen herausstellen. Besonders oft werden solche Meldungen erfunden, um Ausländer und Kriegsflüchtlinge zu diffamieren und sie als kriminell und schmarotzend darzustellen. Manchen Menschen ist es offenbar so langweilig, dass es ihnen Spaß macht, mit dem Erfinden und Verbreiten solcher falschen Meldungen, sogar die Grundfeste unseres Landes angreifen und zerstören zu wollen.

Die kurze Prüfung, welche die Unwahrheit einer solchen Meldung aufzeigt, kann von jedem durchgeführt werden, auch von den Anhängern der Rechtspartei. Doch dies geschieht dort nicht oder es wird trotz des Wissens um die Unwahrheit weiter so verbreitet. Diese Art der Verbreitung von Nachrichten könnte tatsächlich als Lügenpresse bezeichnet werden, und ausgerechnet diejenigen, die den Begriff am lautesten schreien, verbreiten diese.

Wer also den Begriff Lügenpresse in dem Sinn gebrauchen will, dass bewusst falsche Nachrichten verbreitet werden, wird auf der Suche nach solchen Nachrichten am ehesten bei denen fündig, die diesen Begriff am lautesten in die Welt hinausschreien. Das allein zeigt schon eine gewisse Absurdität hierbei.

Ausländerfeindlichkeit

Bei der Frage, ob man bei der AfD und ihren Anhängern von Ausländerfeinden reden kann, gibt es keine einheitliche Antwort. Das wirkt überraschend, doch muss man hier nach mehreren Kriterien unterscheiden.

Schauen wir uns also zunächst mal die Partei selbst und ihr Führungspersonal an. Sowohl im Programm als auch in den Aussagen der Politiker kann man immer wieder finden, dass vieles, das diesen Menschen fremd ist, beschränkt oder verboten werden soll. Wie stark diese Meinung vertreten ist, zeigt sich in einzelnen Äußerungen, wie zum Beispiel, dass an der Grenze auf Flüchtlinge geschossen werden soll, dass Moscheen verboten werden sollen und man im Zusammenhang mit Hilfesuchenden immer wieder von Kriminellen und Terroristen spricht. Manchmal kommt es vor, dass eine Äußerung schon fast als Rassismus angesehen werden kann. Auch wenn solche Erklärungen möglicherweise später zurückgezogen werden, zeigt dies doch, in welche Richtung es geht, denn andere Bekundungen, die asylsuchende Menschen willkommen heißen, gibt es nicht.

So entsteht der Eindruck, dass mit manchen Aussagen getestet werden soll, wie deutlich man seinen Hass auf Ausländer öffentlich äußern kann. Dies würde darauf hindeuten, dass die Partei eigentlich sogar noch deutlicher gegen Menschen anderer Herkunft agitieren würde, als sie es tatsächlich abgeschwächt nach außen zeigt. Doch auch wenn man diese Variante nicht annimmt, lässt sich wegen der gemachten Äußerungen feststellen, dass die AfD eine ausländerfeindliche Partei ist.

Schauen wir uns also dazu an, wie es sich bei den Anhängern mit dem Verhältnis zu Ausländern verhält. Auch hier kann man wieder zwei Gruppen unterscheiden. Da gibt es zuerst die ebenfalls rechten Anhänger. Manche sind genau wegen dieser rechten Einstellung und der Ausländerfeindlichkeit zur Partei gestoßen. Andere stehen noch weiter rechts als diese und sehen bei den Parteien, denen sie bisher gefolgt sind, nicht die Chance, eine große Wählerschaft zu finden. So schließen sie sich also der im Vergleich etwas gemäßigteren AfD an. Doch haben diese Anhänger natürlich ebenfalls eine rechte und ausländerfeindliche Gesinnung, teilweise sogar noch extremer als es bei der AfD selbst zu sehen ist.

Nun bleibt dort noch die große Zahl der Wähler, die die AfD wählen, weil sie damit ihren Protest gegen das herrschende System ausdrücken wollen. Wenn wir uns die Zahlen zur Wählerwanderung anschauen, sehen wir, dass diese Protestwähler aus dem gesamten politischen Spektrum kommen. Bevor sie Protest- oder Nichtwähler wurden, unterstützten sie also Parteien aller möglichen Richtungen, also solche mit ausländerfeindlicher Einstellung, aber auch solche, die zu einem herzlichen Willkommen von Kriegsflüchtlingen aufrufen. Demnach gibt es hier also kein einheitliches Bild.

Menschen, die vorher ausländerfeindlich waren, dann zu Protestwählern wurden, werden natürlich auch jetzt noch ausländerfeindlich sein. Doch bei denen, bei denen vorher keine Ausländerfeindlichkeit zu sehen war, ist nicht anzunehmen, dass sie auf einmal ihre Meinung so konsequent geändert haben. Oft haben sie Ausländer als Nachbarn oder Kollegen und kommen gut mit ihnen klar. Überhaupt kommen sie überhaupt eher aus einer Gegend Deutschlands, in der es mehr Ausländer gibt. Sie schließen sich der AfD an, weil man dort und damit seinen Protest zum Ausdruck bringen kann. Wie in jeder Partei oder Bewegung finden sie dort auch Dinge, hinter denen sie nicht hundertprozentig stehen. Dazu gehört für sie auch die Ausländerfeindlichkeit. Doch steht bei ihnen das Missfallen dieser Äußerungen hinter ihrem eigentlich Ziel zurück, dem Ausdrücken des Protestes.

Dennoch darf man diesen Punkt auch bei den letztgenannten Wählern der Partei nicht unterschätzen. Denn als Zukurzgekommene möchte man einerseits, dass es einem besser geht, aber so lange dies nicht so ist, sucht man Schuldige für die eigene Misere. Da sind natürlich die Politiker, die solche Entscheidungen treffen, dass man vermeintlich keine Chance hat. Dies trifft gleichermaßen für alle anderen Verantwortlichen zu, die in irgendeiner vielleicht noch so kleinen Winzigkeit eine Entscheidung treffen können, die über unser

Wohl und Wehe mitentscheidend sein kann. Hier ist natürlich nachzuvollziehen, dass man als unzufriedener Mensch gegen diese ist, auch wenn manchmal der Ton und der Respekt gegenüber diesen Menschen zu wünschen lässt. Schließlich will man ja etwas von ihnen, kann aber kaum darauf hoffen, dass sie von Entscheidungsträgern erhört werden, wenn man diese gleichzeitig mobbt.

Doch ihr Zorn richtet sich noch auf eine zweite Gruppe. Das sind andere Zukurzgekommene, die aber nicht zur eigenen Gruppe gehören. Man sollte eigentlich annehmen, dass sich beide Gruppen solidarisieren und gemeinsam gegen die Missstände vorgehen. Doch den Protestwählern, die der AfD folgen, kommt das leider nicht in den Sinn.

Statt Solidarität lässt sich hier Neid erkennen. Wenn jemand, der mit knapper Not und unsagbaren Strapazen vor einem Krieg geflüchtet ist und an einem Bahnhof freundlich mit einem Teddy empfangen wird, freuen sich unsere Protestler nicht für diesen, sondern fragen sich, warum sie nicht auch so angenommen werden.

Auch auf andere Schwache richtet sich dieser neidvolle Hass. Immer wenn ein anderer etwas bekommt, man selbst aber nicht, geht es los, dass lautstark gegen diese Gruppe gewettert wird. Nicht Solidarität, die beim Protest viel eher zum Ziel führen würde, wird hier geübt, sondern Zwietracht, Neid und teilweise Hass. Wer sich selbst von den Vorzügen der Gesellschaft ausgeschlossen fühlt, darf nicht gleichzeitig selbst andere Menschen oder Gruppen ausschließen.

Die AfD unterstützt dies, vor allem, wenn der Neid oder der Hass gegen Ausländer geht. Hier zeigt sich also wieder einmal deutlich die eigentliche Zielrichtung der vermeintlichen Protestpartei. Es geht um rechte Politik mit dazugehörender Ausländerfeindlichkeit. So fördert die AfD also genau solche Äußerungen, bei denen sich Neid und Hass gegen Ausländer finden lassen. Dies zeigt sich auch daran, dass bei den Äußerungen der Parteivertreter viel mehr solche ausländerfeindlichen Äußerungen zu finden sind, als Aussagen, die Verständnis für die eigentlichen Nöte der unzufriedenen Protestwähler ausdrücken.

Es gibt also bei den Protestwählern in der Anhängerschaft durchaus eine größere Zahl an Menschen, die nicht ausländerfeindlich sind, es zumindest noch nicht sind. Die Flüchtlinge sind hier eher ein Stellvertreter für andere Gruppen, die angeblich besser behandelt werden als man selbst. Dies wird bewusst von der AfD so dargestellt, um Wähler zu generieren, wohl wissend, dass dies nicht so ist. Doch ist die Gefahr groß, dass die neu hinzugekommenen ihre Meinung ändern. Die Propaganda der AfD ist sehr geschickt, wenn es darum geht, einen Schuldigen zu präsentieren. Irgendwann verfallen also die Menschen womöglich auch dieser Meinung, dass andere bevorzugt werden und bilden Neid aus. Und wenn es dann noch länger so weiter geht, fangen sie sogar selbst an, sich so zu äußern.

So weit darf man es nicht kommen lassen, denn es ist Gift in unserer Gesellschaft, wenn es Neid zwischen Bevölkerungsgruppen gibt. Und Neid führt schnell zu Hass und dieser dann zu Aggressionen.

Auch hier gilt also wieder, dass es jetzt zu handeln gilt und man die Gefahr durch eine ausländerfeindliche AfD nicht unterschätzen darf. Wenn man wartet, wird es erst zu Unfrieden und dann womöglich zu sozialen Unruhen führen. Doch geht es dann bei diesen Unruhen nicht gegen die Verantwortlichen für Missstände, sondern es wird ein Kampf zwischen zwei Gruppen, die sich beide jeweils benachteiligt fühlen. Dem gilt es unbedingt vorzubeugen. Und dies sofort, abwarten fördert die bereits begonnene Entwicklung nur weiter.

Es werden immer mehr

Wenn man sich die Wahlergebnisse bezüglich der AfD anschaut, wird man feststellen, dass sie in den wenigen Jahren des Bestehens ihre Ergebnisse immer weiter verbessern konnte. Das steht ganz im Gegensatz zu dem, was bisher bei den Protestparteien zu sehen war. Dass dies daran liegt, dass die AfD es geschafft hat, ihre Gefolgschaft zu binden, wird in diesem Buch an anderen Stellen erklärt.

Die Zuwächse sind unterschiedlich hoch. So lässt sich zum Beispiel erkennen, dass sie in Ostdeutschland mehr Stimmen dazugewinnt als im Westen. Noch ist die Partei zu jung, so dass es bisher noch nicht vorkommen konnte, dass sie in einem Bundesland zweimal zur Wahl gestanden hat. Das wird sicher spannend werden. Jedoch ist kaum zu erwarten, dass sie in größerem Umfang an Stimmen verlieren wird, so wie es bisher bei den Protestparteien der Fall war.

Noch sind die Zuwächse jedoch so moderat, dass für die absehbare Zukunft nicht zu erwarten ist, dass diese Partei tatsächlich Einfluss erhält. Da zumindest nach den bisherigen Aussagen niemand mit ihr zusammenarbeiten will, müsste sie schon bei einer Wahl die absolute Mehrheit erlangen, damit sie tatsächlich die Geschicke des Landes maßgeblich mitprägen kann. Dies ist bei den aktuellen Steigerungsraten zur Zeit in der Tat nicht zu sehen.

Doch darf man sich deswegen nicht beruhigt zurücklehnen. Man muss jetzt etwas tun, will man wenigstens einen weiteren Anstieg verhindern. Wenn weiter nur zugesehen wird, wird es weitere Steigerungen geben, zunächst langsam zwar, aber stetig. Dies geschieht auf allen Ebenen, also bundesweit, in den Ländern und in den Kommunen.

Wie groß hier die Gefahr ist, erkennt man, wenn man sich noch einmal anschaut, wer eigentlich die AfD wählt. Neben Anhängern streng rechter Ideologien sind dies vor allem Protestwähler. Und in den vorangegangenen Kapiteln haben wir gesehen, wie mannigfaltig die Gründe für den Protest sein können. Bei niemand treffen alle Gründe zu, doch es gibt sehr viele, für die mehr als einer der genannten Gründe gilt. Dieses Potential hat die AfD noch nicht ausgeschöpft.

Schaut man sich nun einmal aktuell in der Bevölkerung um, lässt sich also erkennen, dass es weit mehr Unzufriedene gibt, als aktuell die AfD wählen. Es macht keine Mühe, mehr als die Hälfte der Bevölkerung zu finden, die mit der aktuellen Situation in irgendeiner Form unzufrieden sind. Sei es, dass man arbeitslos ist, dass man auf seiner Arbeitsstelle bei schlechten Bedingungen mit einem Hungerlohn abgespeist wird oder auch, dass man sich nicht mehr mit der aktuellen Politik der EU und den Karrierepolitikern identifizieren kann und will. Der Gründe gibt es viele und die wichtigsten wurden bereits genannt. Bei vielen der Unzufriedenen, auch bei denen, die (noch) nicht zu den AfD-Wählern gehören, treffen wie gesagt ja gleich mehrere der Gründe für die Unzufriedenheit zu.

Man stelle sich vor, der AfD würde es gelingen, alle diese Unzufriedenen zu motivieren, sich ihrer Partei anzuhängen. Dann wäre sie auf einmal da, die absolute Mehrheit. Dann wäre es zu spät, dem vorzubeugen.

In dieser krassen Form wird das sicher nicht passieren, da es bei den Unzufriedenen auch Menschen gibt, die das Programm der AfD gelesen und verstanden haben und diese Partei niemals wählen würden. Doch es bleibt ein großer Teil, bei dem dies tatsächlich denkbar wäre. Und selbst wenn es die AfD nicht zur absoluten Mehrheit schafft, sondern kurz darunter bleibt, schadet sie trotzdem. Selbst wenn niemand mit ihr koalieren würde, wäre die Regierungsbildung sehr schwierig, da alle anderen Parteien miteinander regieren müssten. Das ist sehr unwahrscheinlich, weil es da teilweise unüberbrückbare Unterschiede gibt. Doch käme eine solche Regierung doch zustande, wäre die Gefahr groß, dass sie die Legislaturperiode nicht überstehen würde.

Auch ist nicht gewährleistet, dass das weitere Wachstum weiterhin so langsam vorgeht. Solange sich das Leben in unserem Land weiter in so ruhigem Fahrwasser bewegt, wird dies auch so bleiben. Doch es braucht nur ein besonderes Ereignis einzutreten, auf dass die aktuelle Regierung keinen Einfluss hat, das aber genau in das Weltbild und zu den Vorhersagen der AfD passt, dann kann die Anhängerschaft aber schnell und in ganz großen Schritten wachsen. Ist dann kurz danach eine Wahl, wie es ja eigentlich immer ist, dann ist zu erwarten und auch zu befürchten, dass es zu einem sehr großen Wählerzuwachs kommt. Und dann wäre sie urplötzlich da, die vorher beschriebene Situation, dass die AfD so viel Einfluss hat, dass eine davon unabhängige und reibungslose Regierungspolitik nicht mehr möglich ist.

Auch darf man nicht übersehen, dass aktuell etwa achtzig Prozent der Wähler der AfD männlich sind. Und dies, obwohl all die vielen Gründe für Unzufriedenheit gleichermaßen für beide Geschlechter zutreffen können. Man denke nur an die vielen Schwierigkeiten mit denen alleinerziehende Mütter zu kämpfen haben. Würde die AfD es also schaffen, auch die Frauen zur Wahl der Partei zu bringen, würde allein dies schon zu einer sehr großen Steigerung der Stimmenzahl führen.

Dem gilt es vorzubeugen und zwar jetzt bevor es zu spät ist. Dabei muss gegen die Partei vorgegangen werden, nicht gegen die Anhänger. Was im Einzelnen getan werden könnte, wird in späteren Kapiteln aufgeführt.

Was wäre wenn?

Die AfD erreicht aktuell bundesweit etwa fünfzehn Prozent der Wähler. Das ist zwar nicht bedeutungslos, aber die Partei ist weit davon entfernt, in irgendeiner Form in die Geschehnisse der Politik eingreifen zu können. Demnach wählen 85 Prozent der Menschen in unserem Land anders, und alle Parteien, die von dieser großen Mehrheit gewählt werden, sagen, dass sie nicht mit der AfD zusammenarbeiten würden.

In den Medien sieht das anders aus. Hier nimmt die AfD einen großen Platz ein, weit größer als es der Wähleranteil eigentlich erwarten ließe. Hiervon darf man sich aber nicht täuschen lassen. Der Einfluss ist sehr gering und es wäre somit an den Medien, hier etwas zurückzurudern.

Doch zumindest theoretisch ist es ja durchaus denkbar, dass die AfD einmal mehr Stimmen bekommt. Dann wären zwei Varianten denkbar. Es findet sich doch eine Partei, die entgegen der eigenen Versprechungen bereit wäre, mit der AfD zu koalieren, oder der Stimmenanteil ist sogar so groß, dass es für eine Alleinregierung reicht.

Hier möchte ich nun darauf eingehen, was passieren würde, wenn es bundesweit zu einer solchen Situation kommen würde. Denn dann gibt es ja die Möglichkeit für die Partei auf wichtige Gesetze und Verordnungen in allen Lebensbereichen Einfluss zu nehmen.

Bei einer Koalition wäre noch mindestens eine andere Partei beteiligt, was naturgemäß zur Folge hätte, dass die AfD nicht ihre gesamten Ziele durchsetzen könnte. Beide Parteien müssten einen Kompromiss eingehen, um aus den beiden unterschiedlichen Programmen einen gemeinsamen Weg herauszubilden. Dies bedeutet zwar einerseits, dass die AfD sich nicht vollständig durchsetzen könnte, aber auch, dass sich eine andere Partei in Richtung der AfD und ihrer Forderungen bewegen müsste.

Hier hängt dann natürlich vom Verhandlungsgeschick ab, welche Forderungen die Rechtspopulisten durchsetzen können. Zwar würde man bei den Verhandlungen vorgeben, dass gewisse Punkte nicht wegverhandelbar seien, doch andererseits kann dies die AfD genauso machen. Letztendlich hängt für beide Seiten das Erreichbare auch davon ab, wer von beiden künftigen Partnern mehr Stimmen als der andere hat und so mehr Druck hinter seine eigenen Vorstellungen legen kann. Schließlich bleibt jedoch festzuhalten, dass die AfD bei einer Koalition, egal welcher Art und Konstellation zumindest einen Teil ihrer Forderungen durchsetzen kann.

Und es gehört auch obligatorisch zu solchen Verhandlungen, dass darin die Verteilung der Ministerposten unter den beteiligten Parteien vereinbart wird. Selbst als kleinere Partei erhält man eines oder gar mehrere dieser Ämter. Also würde auch die AfD Minister in Deutschland stellen, die entscheidend den weiteren Weg in diesem Ressort mitprägen und auch unser Land im Ausland vertreten würden.

Doch interessanter für solche Beobachtungen wäre es, sich darüber Gedanken zu machen, was wohl passieren würde, wenn die AfD allein so viel Stimmen hätte, dass sie ohne Partner, der ja Kompromisse erfordern würde, regieren könnte. Jetzt könnte sie ihre Forderungen und Wünsche nahezu vollständig durchsetzen. Nur bei ganz wichtigen Bereichen, wie zum Beispiel bei einer Verfassungsänderung wäre dies allein nicht möglich, da für diese Dinge wegen ihrer Wichtigkeit eine Zweidrittelmehrheit sowohl im Bundestag als auch im Bundesrat erforderlich wäre.

Doch zuerst wäre sicher einmal etwas anderes zu beobachten, wie wir es auch in Großbritannien sehen konnten, als sich die Mehrheit der Bevölkerung unerwartet dafür aussprach, aus der EU auszutreten. Obwohl die Aussagen vorher schon andeuteten, dass es knapp werden würde, kam es dennoch überraschend, dass die Austrittsbefürworter wirklich siegten.

Ganz offenbar war es sogar für die Wortführer selbst unerwartet. Gleich mehrere von ihnen zogen sich in den unmittelbar auf die Entscheidung folgenden Tagen zurück. Ähnliches ist nach der Wahl von Donald Trump als amerikanischer Präsident zu beobachten. Auch er hat sich sehr schnell von einigen zentralen Forderungen seines eigenen Wahlkampfs distanziert. Man hatte den Eindruck, dass es ihnen lieber gewesen wäre, wenn sie knapp verloren hätten. Dann hätten sie sich mit einem stolzen und nur knapp scheiternden Ergebnis profilieren können. Das war zwar nun auch möglich, doch wäre dies verbunden damit, die Verantwortung für die Politik mittragen zu müssen. Davor schreckten sie ganz offenbar zurück, was daher zwangsweise ihren Rückzug bedeutete. Nichts wurde es mit Stolz über den Sieg und das Durchsetzen der Versprechungen. Stattdessen sah man Angst vor dem, was man selbst angerichtet hatte.

Ähnlich verhielt sich auch Donald Trump nach seiner Wahl zum amerikanischen Präsidenten. Eines seiner Hauptziele im Wahlkampf war die Abschaffung der Krankenkassenpflicht für alle, die sein Vorgänger Obama durchgesetzt hatte. Gleich im ersten Interview nach der Wahl, kündigte er an, diese Obamacare genannte Pflicht nicht abschaffen zu wollen. Auch hier hatte er offenbar Angst vor den Folgen, wenn seine eigenen Ankündigungen durchgesetzt werden würden. Auch einige weitere Ankündigungen aus dem Wahlkampf wurden schon in den ersten Tagen nach der Wahl zurückgenommen. Statt den „Kleinen Mann" zu vertreten, berief er fast ausschließlich Milliardäre und Leiter von Großkonzernen in sein Kabinett.

So etwas ist natürlich auch möglich, sollte die AfD an die alleinige Macht kommen. Auch hier kann es mit einiger Wahrscheinlichkeit Menschen geben, die lediglich wegen eines möglichen Postens dort in den oberen Gremien tätig sind. Dies ließe sich ja auch so leben, wenn es lediglich darum geht einen Parlamentssitz einzunehmen, um zum Beispiel die Diäten, die man auch in der Opposition erhält, einzustreichen. Hätte man aber zusätzlich Regierungsverantwortung, wäre es durchaus möglich, dass einige davor trotz großer Worte zurückschrecken würden.

Dies wäre aber nicht das Ende der AfD-Regierung. Es würde Unruhe rund um die Partei geben und auch kritisches Hinterfragen in der Presse. Doch würden andere nachrücken, die diese Positionen dann einnehmen würden. Sollte die AfD dann die gesamte Legislaturperiode durchregieren, wäre diese anfängliche Unruhe bis zur nächsten Wahl vergessen.

Dann wäre es also soweit, dass die AfD durchsetzen könnte, was in ihrem Programm steht und was sie sich auch sonst für unsere Gesellschaft vorstellt. Eine Bremse könnte sich noch durch den Bundesrat ergeben, doch erscheint es nicht unwahrscheinlich, dass, wenn bundesweit so gewählt werden würde, auch in den Bundesländern ähnliche Mehrheiten herrschten.

Die Protestwähler, um die es ja schwerpunktmäßig in diesem Buch geht, wären anfangs erfreut, würden aber irgendwann anfangen sich zu wundern. Wenn sie sehen würden, dass es immer wieder Entscheidungen gibt, die unsere Republik immer weiter nach rechts rücken lassen, aber sie vergeblich darauf warten, dass die Partei mehr an die unteren Bevölkerungsschichten denkt, und dass es zu keiner Verbesserung der eigenen Situation kommt. Das Gegenteil wäre in einigen Bereichen sogar der Fall. In ihrem Programm ist an vielen Punkten zu sehen, dass sie eher den Wohlhabenden Verbesserungen schaffen will. Dazu kommt es aber eher, wenn sich die Arbeitsbedingungen weiter verschlechtern. Auch ist zu erwarten, dass Frauen weiter benachteiligt werden würden. Das Gleiche trifft auf kinderlose Familien zu. Der Zugang zu Bildung wäre vor allem für Kinder einkommensstärkerer Familien erleichtert. Es würde mehr Überwachung geben und die Spaltung der Gesellschaft würde fortschreiten, weil Ausländer und Oppositionelle benachteiligt werden würden. Kurz gesagt lässt sich feststellen, dass sich die Situation der heute Unzufriedenen nach einer Regierungsübernahme noch deutlich verschlechtern würde.

Das hört sich schon schlimm genug an, doch geht es noch schlimmer. Dies wäre dann der Fall, wen es der AfD tatsächlich gelingen sollte, zu einer Zweidrittelmehrheit zu kommen. Denn dann könnte sie endgültig ungebremst schalten und walten. Sie könnte die Verfassung ändern, und es kann als sicher gelten, dass sie davon Gebrauch machen würde. So könnte sie Regeln aufstellen, die es ermöglichen, dass man alle unliebsamen Menschen mundtot macht. Mit dieses Regeln könnte man die Opposition handlungsunfähig machen und die Rechte derer einschränken, die sie daran hindern könnte. Letztendlich wäre es möglich, dann dafür zu sorgen, dass die Macht bei ihnen bleibt und alle oppositionelle Kräfte zum Schweigen gebracht werden. Die Pressefreiheit könnte ebenfalls stark eingeschränkt werden. Man sieht dies alles in vielen Ländern in denen weit rechte Regierungen das uneingeschränkte Sagen haben.

Dies ist natürlich die härtest mögliche Variante, zu der es kommen kann. Ob dies tatsächlich alles geschieht, lässt sich nicht mit Gewissheit sagen, auch wenn man es befürchtet. Doch schaut man sich heute den rechten Teil der Gefolgschaft an, sind diese Forderungen von dort immer mal wieder zu lesen.

Dann wäre es endgültig zu spät, dagegen etwas zu unternehmen, dann wäre es mit freiheitlichen Rechten in unserem Land zu Ende. Es gilt also rechtzeitig dagegen vorzugehen. Und rechtzeitig heißt nicht knapp vorher, sondern jetzt, um von vorneherein dafür zu sorgen, dass sich solches Gedankengut nicht so weit ausbreiten kann, dass es auch nur in einem kleinen Teil Einfluss auf unsere Geschicke nehmen kann.

Noch weiter rechts

In diesem Buch geht es vorrangig um die Protestwähler in der Anhängerschaft der AfD. Es gibt jedoch auch einen nicht unbeträchtlichen Teil unter den Wählern, die nicht diesem Klientel zuzuordnen sind und sich in ihren politischen Ansichten sehr weit rechts bewegen und teilweise sogar als rechtsextrem anzusehen sind.

Vorher haben diese Menschen andere Parteien gewählt, wie zum Beispiel die NPD oder die Republikaner. Diese Parteien haben jedoch zuletzt deutlich an Stimmen verloren, so dass nicht zu erkennen ist, dass man mit einer Stimmabgabe für diese Partei irgendeine Wirkung in der täglichen Politik erreicht. Mit der AfD hat diese Klientel also eine ebenfalls rechte Partei gefunden, durch deren Wahl man etwas erreichen kann, da ja davon auszugehen ist, dass die Partei ins Parlament einziehen wird.

Um diese Wähler zu binden, werden natürlich seitens der AfD auch entschieden rechte Parolen und Forderungen verbreitet. Auch lässt man diese Klientel auf den Facebook-Seiten und an anderen Stellen in den sozialen Netzwerken zu, um auch diese Menschen zu binden. Auch war zu erkennen, dass die Partei sich etwas weiter nach rechts ausrichtete als sie erkannte, dass bei dieser Klientel eine nicht unbeträchtliche Stimmenzahl zu gewinnen ist.

Genaugenommen liegen die Ansichten dieser Wähler sogar näher an den Zielen der Partei als die der vielen Protestwähler. Wer sich das Programm anschaut, wird viele Punkte finden, die sich mit den Zielen anderer rechter Parteien decken, während von den Forderungen der Protestwähler dort nur wenig zu finden ist. Wäre es also tatsächlich irgendwann einmal so weit, dass die AfD an die Macht käme, würden die rechten Wähler mehr ihrer Forderungen durchgesetzt sehen als die Protestwähler.

Im Osten unseres Landes ist der Anteil der Bevölkerung mit einer weit rechten oder rechtsextremen Gesinnung größer als im Westen. Dafür gibt es klare Erklärungen, die aber nicht zum Thema dieses Buches gehören und daher hier nicht erläutert werden sollen. Gleichzeitig haben wir gesehen, dass es im Osten der Republik weitaus mehr Anlass gibt, unzufrieden zu sein. Jede dieser Bevölkerungsgruppen ist also größer, was demnach ja zu einer größeren Bereitschaft führt, zum Wähler der AfD zu werden. Und genau dies sehen wir, denn der Stimmenanteil ist tatsächlich im Osten weitaus größer als im Westen.

Linkes Klientel

Blickt man einige Jahrzehnte zurück, wird man ungefähr Folgendes erkennen: Wer Arbeiter war oder weniger Geld besaß, wählte eher links der Mitte, also beispielsweise die SPD. Die rechts der Mitte angesiedelte CDU wurde eher von Mittelständlern oder Menschen mit einem ausreichenden Einkommen gewählt. Dies drückte sich auch darin aus, was von jeweiligen Parteien gefordert oder durchgesetzt wurde. Sie vertraten natürlich vor allem die Klientel, von der sie gewählt wurde.

Dies hat sich in den letzten Jahren geändert. Müsste man einen Zeitpunkt bestimmen, wann diese Änderung eintrat, würde man vielleicht die 90er-Jahre benennen, obwohl man sicher auch schon vorher Tendenzen hat erkennen können.

Die Veränderung im Wahlverhalten ist nicht deswegen zu beobachten, weil sich die Wähler ab dann in der Sache anders entschieden, sondern weil sich die Parteien von ihren Wählern wegbewegten. Dies ist bei beiden der klassischen Volksparteien deutlich nachweisbar, doch tritt dieses Phänomen bei der SPD stärker hervor als bei der CDU. Man bekommt schnell den Eindruck, dass sich die Parteien am Sozialabbau durch die Megakonzerne orientieren und sich nicht mehr der Wählerschaft verpflichtet fühlen.

Auch die später hinzugekommenen Grünen handeln so. Besonders als sie sich dazu entschieden auch Kriege zu befürworten, sah man dies deutlich. Nun bleibt auf der linken Seite noch die Linkspartei, die jedoch so elitär und wissenschaftlich diskutiert, dass sie vom einfachen Volk nicht verstanden wird und man auch deswegen Angst hat, diese Partei zu wählen.

Nun sind aber nahezu alle Bereiche, wegen denen in unserem Land so viele Menschen unzufrieden sind, eher dem linken Politikfeld zuzuordnen, wenn es darum geht, jemanden zu finden, der am ehesten für eine Lösung infrage kommt. Es geht um Arbeit und Armut, also genau um die Themen, bei denen früher die linken Parteien gepunktet haben. Immer konnte man sich darauf verlassen, dass diese Parteien für diese Bevölkerungsgruppe etwas tat, auch wenn es manchmal nicht viel war. Und war man in der Opposition, stellte man Forderungen, um diesem Teil der Bevölkerung Gehör zu verschaffen.

Dies ist heute nicht mehr so. Einerseits haben sich die linken Parteien von diesen Positionen deutlich wegbewegt, andererseits sind sie auch eine lange Jahre andauernde Koalition mit der CDU eingegangen., so dass es unmöglich wurde, dass die linke Partei, auch wenn sie an der Regierung beteiligt war, etwas erreichen konnte. Man vertröstete die Wähler immer damit, dass sich dies ändern werde, wenn sich die Verhältnisse nach der kommenden Wahl verändert hätten. Doch auch dann änderten sich die Mehrheits- und damit auch die Machtverhältnisse nicht.

So wurden die vielen Menschen am unteren Ende der sozialen Pyramide heimatlos. Zuerst gingen sie nicht mehr wählen. Das fiel zwar bei der Wahlbeteiligung auf, aber da sich die Mehrheitsverhältnisse nicht grundlegend änderten, sah hier leider niemand eine Veranlassung, darauf zu achten und sein Verhalten als Partei zu ändern. Als dann die AfD scheinbar eine neue Anlaufstelle zu sein schien, orientierten sich die Menschen neu und folgten und wählten diese Partei. Die Entwicklung ist inzwischen soweit fortgeschritten, dass die SPD inzwischen von einer Partei, der man einst auch eine absolute Mehrheit zugetraut hätte, zu einer Partei geworden ist, die mancherorts darum kämpft, überhaupt noch zwanzig Prozent der Wähler zu erreichen.

Heute ist es nicht selten, dass auch Mittelständler einen zweiten Job brauchen, um leben zu können. So zeigt sich also, dass man heute schon Teile der Mittelschicht zu den armen, unzufriedenen und chancenlosen Menschen zählen muss. Schaut man sich nun die soziale Pyramide an, wird man sehen, dass sie unten breiter als oben ist. Wenn jetzt also sogar die Mittelschicht zu den armen Menschen zu zählen ist, erkennt man an diesem Bild, dass es da ein ungeheures Potential für die linken Parteien geben würde, wenn sie weiterhin ihre alten, sozialen Ziele verfolgen würden.

Doch diese Chance hat man mit der Änderung der Ausrichtung vertan. Nur wenn die Parteien wieder auf ihr eigentliches Klientel zugehen, können sie es überhaupt schaffen, zurückzukehren. Ansonsten ist zu erwarten, dass auch eine Partei wie die SPD über kurz oder lang in der Versenkung verschwinden kann. Jetzige Spitzenpolitiker der SPD fühlen sich immer noch als Staatsmänner, obwohl sie es für viele Wähler nicht mehr sind.

Hier muss das Umdenken anfangen, und man muss wieder arbeiten, statt zu repräsentieren. Dann gilt es wieder zu alten Wegen zurückzukehren. Doch auch dann wird der Erfolg nicht automatisch eintreten, denn die linken Parteien haben durch ihr Verhalten schon viel an Glaubwürdigkeit verloren. Also muss auch hieran gearbeitet werden, und das wird sehr viel Zeit brauchen. Allein schon deswegen sollten sie schon gleich damit beginnen. Vorerst sind die Menschen jedoch von der AfD eingefangen worden, die vorgibt, zu jedem Problem eine Lösung zu haben.

Es braucht eine Gemeinschaft, die gemeinsam den globalen Kapitalismus samt seiner teilweise unsozialen Folgen bändigen will, jedoch ohne Parteien von ganz rechts, die hierbei eher auf ihre nationalistischen Ziele als auf die Nöte armer Menschen achten. Die Protestwähler, die bei der AfD ihr Kreuz machen, sind nicht sämtlich rechts, und man kann sie zurückgewinnen. Dazu müssen sich die linken Parteien ihrer Wurzeln erinnern und wieder die Arbeiterschaft vertreten und mit ihr und den Gewerkschaften reden und kämpfen.

Es gibt übrigens auch beim links eingestellten Teil der Bevölkerung wahlfaule Menschen. Sie den-

ken scheinbar, dass es schon nicht so schlimm werden wird, wenn sie einmal nicht zur Wahl gehen.
Auch diese Einstellung trug mit dazu bei, dass
rechtspopulistische Parteien so groß werden konnten.

Blick ins Parteiprogramm

Schauen wir also einmal in das Programm der AfD. Der Schwerpunkt wird dabei natürlich darauf gelegt, was es zu den eigentlichen Forderungen der unzufriedenen Menschen hergibt. Angeschaut wurde das Programm, das unter der Adresse *https://www.alternativefuer.de/wp-content/uploads/sites/7/2016/05/2016-06-27_afd-grundsatzprogramm_web-version.pdf* zu finden ist. Abrufdatum war der 12.11.2016.

Zunächst fällt auf, dass es an vielen Stellen nur allgemein gehaltene Äußerungen gibt. Daher wird hier nur berücksichtigt werden, wozu sich die AfD klar ausdrückt und sagt, wie ein Problem ihrer Meinung nach gelöst werden soll. Dazu habe ich im Programm nach Stellen gesucht, bei denen es um die unzufriedenen Menschen geht.

Zuerst habe ich mir angeschaut, was die AfD gegen die verbreitete Armut tun möchte. Als erstes sagt sie, dass der Mindestlohn beibehalten werden soll. Dies kann sich die Partei aber nicht als eigenen Erfolg anrechnen lassen, da dieser ja bereits von anderen Parteien eingeführt wurde. Zur Höhe wird nichts gesagt, woraus zu schließen ist, dass sie ihn nicht erhöhen will.

Ansonsten gibt es zum Thema Armut nur etwas im Zusammenhang mit Familien mit Kindern zu lesen, die die AfD offenbar gegenüber Kinderlosen besser stellen will. Umgekehrt heißt dies natürlich, dass Kinderlose vergleichsweise schlechter gestellt werden sollen und es keinesfalls eine Verbesserung ihrer Situation geben wird. Wie dieses Besserstellen der Familien mit Kindern geschehen soll, bleibt erst einmal nebulös. An einer Stelle wird lediglich von grundlegenden Reformen im Zusammenhang mit diesen Familien gesprochen. Welcher Art diese Reformen sein sollen, wird nicht gesagt.

An einer anderen Stelle wird das Programm konkreter. Dort wird dann von Familien mit Kindern aus der Mittelschicht gesprochen. Diese sollen zinslose Darlehen für den Hausbau bekommen. Hier geht es also nicht um die wirklich armen Menschen in der Bevölkerung, sondern um die Mittelschicht, die gestärkt werden soll. Davon hat niemand etwas, der in der aktuellen Lage durch das Raster gefallen ist und zu den armen und protestierenden Menschen in der Bevölkerung gehört.

Noch an einer dritten Stelle findet sich etwas zur Armut von Alleinerziehenden. Zuerst schreibt die AfD dazu, dass dies bei Steuer und Sozialversicherung mehr anerkannt werden solle, was immer das bedeuten mag. Schon im nächsten Absatz wird aber klar, dass statt der Alleinerziehenden die Familien mit Vater, Mutter und Kind durch finanzielle Hilfe gestärkt werden sollen. Also auch hier fällt wieder nichts für die wirklich armen Menschen ab.

Danach habe ich mir angeschaut, was die AfD für Arbeitslose tun will. Sie möchte die Jobcenter beibehalten und das Arbeitslosengeld II umbenennen.

Falscherweise sagt sie in ihrem Programm, dass bei einem Zusatzverdienst neben dem Arbeitslosengeld dieses Einkommen jetzt vollständig mit der Unterstützung verrechnet wird. Sie fordert, dass dem Zusatzeinkommen erzielenden Menschen ein Teil des Geldes bleiben soll. Doch das ist jetzt ja schon so. Hier zeigt die AfD also, dass sie sich in diesem Bereich überhaupt nicht auskennt und nicht einmal merkt, dass sie etwas als eigene Idee fordert, was es schon lange gibt. Dies zeigt somit deutlich, dass die Partei sich mit der Situation der Armen überhaupt nicht auskennt, und somit offenbar auch nicht an diesem Thema interessiert ist.

An weiteren Stellen heißt es lediglich, dass die Arbeitslosen nicht vernachlässigt werden sollen. Also gibt es auch in diesem Bereich nichts Konkretes, was für diese Menschen getan werden soll.

Ansonsten ist praktisch nichts zu finden, das die Situation der Protestwähler, die der AfD folgen, verbessern würde. Stattdessen soll der Mittelstand gefördert werden, was auch schon die FDP gefordert hat und womit in meinen Augen viel zu der jetzigen Armut und der Spaltung der Gesellschaft beigetragen wurde. An anderen Stellen wird gefordert, dass die Vermögenssteuer abgeschafft werden soll. Diese Steuer gibt es zwar in Deutschland sowieso schon seit 1997 nicht mehr, aber das scheint die AfD nicht zu wissen. Eine abgeschaffte Vermögenssteuer nützt nur den Menschen, die Vermögen besitzen, betrifft also unsere Protestwähler nicht. Lediglich die Staatseinnahmen werden verringert, so dass auch weniger an arme Menschen verteilt werden kann. Auch hier wird deutlich, dass die AfD sich eher als Vertreter der Mittelschicht und der Besserverdienenden beziehungsweise der Vermögenden versteht.

Ansonsten spricht die AfD im Programm noch von einer Anhebung der Lebensarbeitszeit, fordert also ein späteres Renteneintrittsalter. Das ist aber tatsächlich schon alles, was man zu den Themen finden kann, die die Protestwähler tatsächlich interessieren. Die Begriffe Gewerkschaft oder Arbeitnehmervertretung sucht man vergeblich. Mit keinem Wort wird erwähnt, wie die Angleichung zwischen Ost- und Westdeutschland endlich angegangen werden soll.

Zu anderen Themen schreibt die AfD in ihrem Programm aber sehr ausführlich. So geht es über viele Seiten und in vielen Einzelpunkten darüber, wie Ausländer in unserem Land ausgegrenzt werden sollen und in welchen Bereichen man ihre Rechte beschneiden sollte. Hier wird deutlich, was die AfD wirklich will und dass ihnen die Verbesserung der Lebenssituation vieler armer Menschen in unserem Land nicht am Herzen liegt. Dies scheint die AfD im Gegensatz zur Unzufriedenheit der Menschen tatsächlich zu interessieren, denn dazu schreibt sie ja ausführlich in ihrem Programm.

Sollte die AfD also an die Macht kommen, ist natürlich zu erwarten, dass sie die im Programm besonders hervorgehobenen Punkte mit größter Priorität durchsetzen wird. Da dort nichts von Armut und anderen Missständen zu lesen ist, ist auch nicht zu erwarten, dass sie beabsichtigt, in dieser Richtung tätig zu werden. Stattdessen wird es Sozialabbau geben. Dies wird die vielen Protestwähler enttäuschen, die ihre Hoffnung in diese Partei gelegt haben. Doch wenn die Wähler dies erst dann merken, ist es zu spät. Hier gilt es also vorzubeugen und über die entsprechenden Punkte des Programms zu informieren, bevor es zu diesen Enttäuschungen kommt.

Der falsche Weg gegen die AfD

Will man das Protestwahlverhalten nicht ignorieren, gibt es zwei Möglichkeiten darauf zu reagieren. Man kann versuchen, die Protestwähler durch Diskussionen von ihrem vorgeblich falschen Weg abzubringen beziehungsweise es zumindest zu versuchen, oder man geht in irgendeiner Form auf die Forderungen und Wünsche der Unzufriedenen ein.

Und auch hier gibt es wieder zwei Varianten, die möglich scheinen. Man redet mit den Protestierenden und hört sich die Berichte über die Missstände und ihre Wünsche an, oder man kopiert die AfD, schließlich hat sie ja damit Erfolg. Man denkt sich hierbei offenbar, dass man es genauso machen muss, dann werden die Unzufriedenen schon zur alten Partei zurückkehren, da sie sich ja wohl bei einer etablierten Partei sicherer fühlen. Doch das funktioniert nicht, der Schuss geht sogar nach hinten los.

Zunächst sollte man sich einmal die Motivation anschauen, die hinter diesem Verhalten steckt. Eine Partei, die sich so verhält, zeigt, dass sie nicht mit den Protestierenden reden will, aber trotzdem erwartet, dass sie zu ihr zurückkehren. Ganz offensichtlich geht es also nicht darum, an eventuellen Missständen etwas zu ändern, sondern nur darum, Wählerstimmen zu erhalten.

Dies kann natürlich nicht funktionieren. Auch die Unzufriedenen erkennen das offensichtliche

Verhalten, sehen, dass man sie nicht zu Wort kommen lassen will und bleiben der Partei auch künftig fern. Vielleicht finden sie dieses Verhalten sogar abstoßend, sehen sich in ihrer Abneigung den etablierten Parteien gegenüber noch mehr verstärkt und nehmen noch größeren Abstand von diesen.

Aber auch die bisherigen Wähler der Partei könnten sich abwenden. Sie haben die Partei ja gewählt, weil sie den Kurs verfolgt hatte, den sie vor ihrem Schwenk in Richtung AfD innehatte. Sie waren zufrieden damit, hatten keinen Grund, etwas anderes zu wählen. Doch wenn jetzt die Partei auf einmal ganz andere Dinge vertritt, kann es gut sein, dass sich bisherige Wähler von ihr abwenden.

Für die Partei selbst geht also der Schuss eher nach hinten los. Protestwähler kehren nicht zurück und Stammwähler wenden sich wegen der geänderten Politik ab. Einzig die AfD profitiert davon, denn dadurch sieht es ja so aus, als würde sie einen guten Weg gehen, wenn sogar andere jetzt diesen Weg gehen wollen. Und dann wählt man doch lieber das Original und nicht die Kopie, die dies ja offenbar nur deswegen kopiert, um Wählerstimmen zu erhalten. Die AfD sieht für die bisherigen Folger also so aus, als ob sie etwas bewirken könnte, und sei es nur, dass nun auch andere diesen Weg gehen. Und so wird also die Bindung zur AfD nur noch größer, und andere, die in der AfD das Original für diese Politik sehen, kommen neu hinzu.

Besonders die CSU tat sich hier sehr deutlich hervor. Aber auch andere Parteien gehen zumindest in Teilen so vor. Innerhalb der CDU scheint mitten durch die Partei eine Grenze zu verlaufen, und ein Teil der Partei möchte so verfahren wie die CSU, während der andere Teil dies nicht möchte, sondern tatsächlich bei den eigentlichen Zielen der Partei bleiben möchte. Aber auch andere Parteien willigen im Bundestag häufig bei Vorschlägen ein, die eigentlich eher von der AfD stammen könnten und nicht von den Altparteien. So gesehen stärken also fast sämtliche dieser Parteien durch dieses Verhalten eher die AfD als sich selbst. Und dabei gehen sie nicht im Geringsten auf die Wünsche der Unzufriedenen ein, sondern nur auf die Ziele der stark nach rechts ausgerichteten AfD. Dies ist also eindeutig der falsche Weg.

Was die Politik tun kann

Der größte Fehler, den die Politik machen kann, macht sie bereits. Sie geht auf die Forderungen der AfD ein. Wie bereits aufgezeigt, stärkt dies nur die AfD, Protestwähler haben nichts davon, und die etablierten Parteien verlieren dabei sogar. Obwohl dies deutlich zu sehen ist, lassen sie sich nicht davon abbringen, weiterhin die AfD zu kopieren.

Die meisten Parteien machen zudem einen grundsätzlichen Fehler. Sie fühlen sich nur ihrer Gefolgschaft verpflichtet. Nur für sie wird etwas unternommen. Hier sollte die Verantwortung im Handeln etwas weiter gehen. Letztendlich lenken diese Parteien einen Staat und haben für das Wohl der Bevölkerung zu sorgen. Man sollte sich also nicht nur um die eigenen Leute kümmern, sondern auch im Sinne anderer Menschen handeln, auch dann, wenn diese Menschen aktuell eine andere Partei wählen. Dies gilt besonders, wenn es diesen Menschen schlecht geht. Man sollte also grundsätzlich dafür Sorge tragen, dass es Menschen, die berechtigten Anlass zu Unzufriedenheit haben, besser gehen wird. Dies hilft dann beiden Seiten: den Unzufriedenen, die zumindest wieder etwas Licht sehen und auch den Parteien, die dadurch Stimmen gewinnen können. Eigentlich sollte ein Staat aber natürlich sowieso im eigenen Interesse dafür sorgen, dass es keine zukurzgekommenen oder unzufriedenen Menschen in seiner Obhut gibt.

Auch darf man nicht einfach den Nichtwählern die Schuld an Missständen irgendwelcher Art geben. Das wirkt träge und lustlos und wirft anderen Menschen vor, an Armut und Unzufriedenheit Schuld zu sein. Doch es waren politische Entscheidungen der etablierten Parteien, die dazu geführt haben, dass immer mehr Menschen ausgegrenzt wurden und zu Nichtwählern wurden. Diesen dann die Schuld für deren eigene Misere zu geben, zeugt von elitärer Arroganz, die in der Tat zu einem Hass auf das etablierte System führen kann.

Stattdessen gilt es jenseits jeder Parteilinie, die tatsächlichen Ursachen zu bekämpfen, die zu dieser weitverbreiteten Unzufriedenheit geführt haben. Die Ursachen wurden ja nicht von den Betroffenen selbst geschaffen, so dass sie daher auch nicht selbst dafür verantwortlich sind. Die Ursachen liegen vielmehr bei Entscheidungen der Politik, die so gut wie nichts für den armen Teil der Bevölkerung tut. Obwohl diese Armut deutlich sichtbar ist und immer weiter um sich greift, hält man es nicht für nötig, hier endlich etwas zu tun. Solange hier aber nichts geschieht, werden Armut und Unzufriedenheit weiter zunehmen und nur Parteien wie die AfD davon profitieren. Hier gibt es also etwas zu tun, und dies natürlich am besten sofort.

Im ersten Teil dieses Buches wurden viele Gründe beschrieben, die dazu geführt haben, dass Menschen zu Protestwählern wurden. In all diesen Bereichen kann die Politik etwas tun, indem sie Schritte einleitet, die diese Missstände beseitigen. Nur wenn die Voraussetzungen geschaffen sind, dass eine so große Zahl an Menschen nicht mehr durch den sozialen Rost fallen kann und unzufrieden wird, wird die Zahl der Unzufriedenen zurückgehen. Und wenn es weniger Unzufriedene gibt, gibt es auch weniger Protestwähler, die sich der AfD zuwenden.

Auch muss endlich die fast unbegrenzte Macht der Großkonzerne angegangen werden. Es darf nicht der Eindruck entstehen, dass diese sich selbst aussuchen können, welches Recht sie anerkennen und ob sie Steuern zahlen, während unserem kleinen Bürger das lebensnotwendige Geld beschnitten werden kann, wenn er als Arbeitsloser einmal einen Termin versäumt hat. Nur mit Facebook oder Google zu reden, dass sich diese bei Datenschutz und Missbrauch der Macht an unsere Gesetze zu halten haben, reicht nicht. Es müssen Sanktionen her, wenn dies nicht geschieht. Das Gleiche gilt auch bei Steuersachen, wenn zum Beispiel Apple gerade einmal 0,05 Prozent an Steuern zahlt, während man selbst einen betrieblich genutzten Schreibtisch in der Wohnung nicht absetzen kann. Hier muss endlich mit dem weichen Kurs diesen Konzernen gegenüber Schluss gemacht zu werden, um zu zeigen, dass auch diese sich an Regeln zu halten haben. Das gleiche gilt natürlich bei diesen

Unternehmen auch für den Bereich der Beschäftigtenrechte.

Daneben muss endlich das System der EU erklärt werden. Neben den Medien sind hier auch die Parteien in der Pflicht. Im Moment hat man den Eindruck, dass die EU als nebensächlich dargestellt wird. So werden altgediente Politiker mit einem Posten dort belohnt, was eher an eine Stiftung als an ein einflussreiches System erinnert. Auch die EU-Politiker selbst müssen mehr an die breite Öffentlichkeit, um dabei auch aufzuzeigen, welche Rolle sie innehaben.

Auch etwas anderes wird seitens der EU bisher sträflich vernachlässigt. Sie kümmert sich so gut wie nicht um soziale Fragen. Sie trifft also Entscheidungen, welche in unser Leben eingreifen, aber kümmert sich dann nicht um deren Folgen. Hier besteht ein riesiger Nachholbedarf seitens der Union. Kümmert sie sich nicht endlich auch ausreichend um dieses Thema, wird sie in den Köpfen vieler Menschen als eine Organisation hängenbleiben, die im Sinne der Unternehmer handelt, und dabei sinnbildlich über Leichen geht.

Der nächste Punkt wird leider schwierig, ist dafür aber immens wichtig. Parteien und Politiker brauchen Konturen. Dazu gehört, dass Parteien konsequent bei ihrem Programm bleiben und dies nicht wegen nichtiger Gründe oder kurzfristig gewünschter Wahlerfolge geändert werden darf. Und dann braucht es Politiker, die diese Ziele leben und deutlich vertreten. Heute drückt sich jeder diplomatisch aus, um nur ja nicht anzuecken. Bei Verhandlungen ist Diplomatie von Vorteil, aber nicht, wenn es darum geht, die eigene Meinung zu äußern.

Dieses Ändern des Verhaltens wird schwierig zu erreichen sein, da viele Politiker heute nur noch ihre Karrieren und nicht mehr die Ziele der Partei und das Wohl des Volkes im Kopf haben. Doch gerade dies wäre nötig, um die alten Parteien wieder glaubwürdig werden zu lassen. Gerade die AfD zeigt aktuell, dass Politiker, die eine klare Kante zeigen viel glaubwürdiger wirken. Auch müssen die Parteien wieder unterscheidbar werden. Dem Satz „Das ist doch eh alles die selbe Sauce“ muss die Grundlage entzogen werden.

Dann muss endlich die Bürokratie angegangen werden. Hier kam es bisher nur zu Lippenbekenntnissen, aber es ist nichts geschehen. Viele fühlen sich überfordert und zurückgelassen von manchmal scheinbar undurchschaubaren Formularen und Vorgängen.

Auch müssen endlich einmal Entscheidungen getroffen werden, die den Menschen ganz unten helfen, Sie stellen den größten Teil der Bevölkerung dar, und in ihrem Sinne wird am wenigsten entschieden. Hier herrscht ein immenser Nachholbedarf. Das Wort Sozialstaat darf nicht mehr nur eine leere Phrase sein, sondern muss mit viel Leben gefüllt werden.

Dann muss deutlich etwas gegen den immer mehr um sich greifenden Lobbyismus getan werden, Was ist das für ein Staat, in dem Menschen von Unternehmen dafür bezahlt werden, damit sie Einfluss auf politische Entscheidungen ausüben? Die Macht und die Möglichkeiten der Lobbyisten müssen deutlich beschränkt werden. Auch ist hier noch weit mehr offenzulegen, als es bisher geschieht.

Ähnlich verhält es sich mit dem Spekulantentum. Jeder weiß, dass sich dies in einem dunkelgrauen Bereich bewegt. Hier muss viel genauer hingeschaut werden und wenn durch Spekulanten Schaden entsteht, muss dieser vom Schädiger ersetzt werden. Hier sind auch die Banken und Konzerne an die Kandare zu nehmen. Es ist klar und festgeschrieben zu verhindern, dass diese solche Vorgänge mit Geschädigten unter den Teppich kehren. Schließlich schädigen solche Spekulanten nicht nur dem eigenen Haus, sondern gefährden auch die Existenz vieler Beschäftigter.

Dann ist endlich dafür zu sorgen, dass der Osten Deutschlands nicht weiter abgehängt bleibt. Ein großer Teil der in dieser Frage übrigens zu Recht unzufriedenen Menschen lebt dort. Niemand glaubt mehr an die blühenden Landschaften. Doch hier gilt es die Regionen zu fördern und zwar deutlich mehr, als es jetzt geschieht. Wenn Länder wie Bayern fordern, den Finanzausgleich abzuschaffen, vertieft dies den Graben zwischen Ost und West. Hier muss endlich Gleichheit her, bei den Chancen, aber auch bei den Löhnen und Renten. Gerade wurde der Termin bis zur Angleichung der Renten zwischen Ost und West schon wieder um einige Jahr verschoben. Das fördert nur die schon vorhandene Frustration. Ein „der Markt wird es schon richten" hilft hier nicht, wie man deutlich sehen kann und ist stattdessen sogar schädlich, da es den Zustand so belässt und eher sogar noch verschlimmert.

Und der wichtigste Punkt ist, dass endlich etwas gegen die immer weiter auseinanderdriftende Kluft zwischen Arm und Reich getan wird. Hier liegt die wichtigste Ursache für die Unzufriedenheit. Wie schon beschrieben, müssen auch die Armen etwas erhalten, wenn es Töpfe gibt, aus denen etwas verteilt werden kann. Zudem müssen diejenigen, die sehr viel besitzen, deutlich mehr beteiligt werden, wenn es darum geht, unser aller Wohlergehen zu finanzieren.

All dies muss sofort angegangen werden. Es ist zu spät nur Absichtserklärungen abzugeben, die sowieso nicht mehr geglaubt werden und in der Regel zu keinen oder stark abgeschwächten Aktionen führen. Nur jammern und die Schuld anderen zu geben nützt und ändert nichts. Es müssen klare Taten her, die den Unzufriedenen helfen. Die Unzufriedenheit ist inzwischen so groß und der Hass so deutlich zu sehen, dass schon fast ein Minister für den sozialen Frieden erforderlich scheint.

Es genügt natürlich nicht den Arbeitslosen einmalig eine mehr oder weniger kräftige Erhöhung der Bezüge zuzugestehen. Es gibt inzwischen sehr viele Bevölkerungsgruppen, die benachteiligt und unzufrieden sind, die alle bei den Änderungen in der Politik berücksichtigt werden müssen. Außerdem müssen diese Änderungen nachhaltig sein, dass heißt sie müssen tatsächlich das Ziel haben, in absehbarer Zeit die Kluft zwischen Arm und Reich wesentlich kleiner zu machen und dürfen nicht nur aus dem Grund getroffen werden, den Anteil der eigenen Wählerstimmen zu erhöhen.

Bei all dem muss darauf geachtet werden, dass die zurückgewonnenen Wähler auch bleiben, man muss sie also binden. Dies geschieht nicht, indem man ihnen leere Versprechungen macht und sie ansonsten nicht beachtet. Das hat man lange genug so gemacht und ganz offenbar funktioniert dies nicht mehr. Man muss als Partei in jedem Moment für seine Wähler da sein, sich für sie einsetzen und Entscheidungen treffen, die allen, also auch den unteren Gesellschaftsschichten helfen. Ein Weg kann da sein, sich der sozialen Medien nicht nur solcherart zu bedienen, dort hin und wieder mal eine Meldung zu verbreiten. Es gilt Ansprechpartner zu sein, und dann muss man auch Antworten geben und darf nicht nur Statements verbreiten. Wir leben nicht mehr in der 60er-Jahren.

Das, was die Parteien tun, muss stabil sein, das heißt, es muss sich merklich und dauerhaft etwas ändern. Und es muss immer wieder darauf geachtet werden, ob es für diesen Teil der Bevölkerung etwas zu tun gibt, und wenn dem so ist, dann muss es auch getan werden.

Was die Medien tun können

Bisher haben die Medien den Populisten zu viel Sendezeit oder Platz in Zeitung und Fernsehen gegeben. Dadurch hatten diese eine Bühne, die sie vorzüglich zu nutzen vermochten und sich selbst in einem hellen Licht darstellen konnten. Diese Erhöhung hat auch entscheidend dazu beigetragen, dass die Populisten so erfolgreich werden konnten. Alleine das Annehmen der von ihr vorgegebenen Themen spielt der AfD in die Hände, weil durch die große Präsenz der Eindruck entsteht, dass diese Partei das Richtige sagt. Es klingt paradox, doch sie lassen sich auf einer Seite als Lügenpresse titulieren und helfen auf der anderen sogar noch durch vermehrte Aufmerksamkeit der Populistenpartei zum Erfolg

Zu den Medien zähle ich hier das Fernsehen, das Radio und die Zeitungen, jeweils sowohl in der Online- und der klassischen Variante. Des Weiteren zähle ich auch noch das Internet mit seinen Blogs und Webseiten dazu, doch nur im begrenzten Umfang. Tatsächlich sind hier nur diejenigen Online-Auftritte interessant, die sich in irgendeiner Art mit den hier besprochenen Themen befassen und davon wiederum auch nur diejenigen, die mehr als nur eine kleine und in sich geschlossene Gruppe ansprechen.

Bei den klassischen Medien gibt es inzwischen einige, die nur Spezialthemen ansprechen, zum

Beispiel ein Radiosender, der nur Musik ohne Wortbeiträge sendet oder eine Jugendzeitschrift, die sich um die Probleme von Menschen in diesem Alter kümmert. Diese können natürlich nicht viel machen, wenn es darum geht, dem Phänomen AfD zu begegnen. Schließlich wird man kaum erwarten können, dass sie ihr Konzept komplett oder teilweise umzustellen haben. Es gibt ja genügend andere Medien, die das entsprechende Feld bedienen. Dennoch können auch diese Medien etwas tun, auch wenn es nur symbolisch ist. So könnte ein Musiksender ja durchaus auch einmal zum Beispiel arabische Musik zwischendurch spielen.

Doch alle anderen Medien können etwas tun, und meiner Meinung nach müssen sie dies auch. Dies sollte eigentlich auch sehr im Interesse dieser Medien liegen. Denn sollte es einer Partei wie der AfD tatsächlich einmal gelingen, an die Macht zu kommen, werden die Medien dies aller Wahrscheinlichkeit nach sehr schnell spüren. Dort wo ein ähnlicher Fall in Europa bereits eingetreten ist, zeigt sich dies deutlich. Sowohl in Ungarn als auch in Polen und in der Türkei wird die Freiheit der Medien mehr oder weniger deutlich beschränkt. Daher sollten unsere Medien jetzt vorbeugen und nicht jammern, wenn es soweit ist. Dies betrifft alle Medien, egal ob das oberste Ziel die Information oder der Kommerz ist. Wie die AfD zu den Medien steht, erkennt man, wenn man über den Begriff „Lügenpresse" nachdenkt. Was bei einer Regierungsübernahme durch diese Partei zu erwarten wäre, erklärt sich also eigentlich sogar von selbst.

Medien können hier in weiten Bereichen Einfluss nehmen. Bei der Berichterstattung und bei der Erläuterung von Sachverhalten. Beide Bereiche sind gleichermaßen wichtig. Zunächst soll es hier um die Berichterstattung gehen.

Hierbei darf nicht vergessen werden, dass es gegen die AfD gehen soll und nicht gegen die unzufriedenen Menschen, die glauben dort jemand gefunden zu haben, der auf ihrer Seite ist. Man darf sich also nicht über diese Menschen lustig machen, auch wenn mal ein Beitrag sehr viele Rechtschreibfehler aufweist. Wenn man über die Menschen lacht, fühlen sie sich noch mehr an den Rand gedrängt als sowieso schon und werden ihre Bindung zur AfD eher verstärken, statt sich von dort zu entfernen. Jeder hat Schwächen, einer kann keine Autos reparieren, der nächste kann keine Fremdsprachen und andere haben eben Probleme mit der Rechtschreibung. Das darf man keinem von ihnen vorwerfen oder gar darüber lachen. Wer über jemanden lacht, der zum Protestwähler geworden ist, zeigt nicht, dass er selbst stark ist, sondern dass es irgendwo an Charakter fehlt. Das Lachen über den Einzelnen mit dem Lachen über die AfD gleichzusetzen, belegt weitere Dummheit. Menschen die schwach in Rechtschreibung sind, haben oft einen schlechten oder keinen Schulabschluss. Dies hat ihnen in ihrem Leben nie eine wirkliche Chance gegeben, irgendwohin zu kommen, wo man auskömmlich leben kann. Nur so sind sie Protestwähler geworden. Und dieses Gefühl der Ausgegrenztheit verstärkt sich nur, wenn man über sie und ihre Schwächen jetzt auch noch lacht.

Wenn man etwas über die Wähler der Partei schreiben will, dann sollte man sich anschauen, warum sie Protestwähler geworden sind. Bei vielen dieser Protestwähler gibt es tatsächlich Notlagen und Bereiche, in denen diesen keine Chancen oder Unterstützungen gegeben wird. Hierüber kann man natürlich schreiben und dies auch gerne mit einem Beispiel, etwa nach dem Motto „Protestwähler 2017 am Beispiel von XY". Dabei sollte man natürlich darauf achten, dass man nicht ein Exemplar erwischt, dass nur seine Ausländerfeindlichkeit herausblöken will, sondern jemand der tatsächlich Not hat und verzweifelt ist und der darüber hinaus auch willens ist, hiervon etwas zu erzählen. Die Menschen, denen es schlecht geht, müssen ein Gesicht bekommen. Es darf in den Medien nicht nur Hochglanz geben,

Doch genauso wichtig ist es, über die Partei selbst zu berichten. Dabei darf man sich natürlich die Themen nicht von der AfD vorgeben lassen, das macht man ja auch sonst nur gegen Bezahlung. Die Partei ist sehr geschickt darin, Meldungen zu verbreiten, die abstrus klingen. Mal ist es eine Aussage in einer Talkshow und ein Facebook-Eintrag oder auch ein ausgesprochenes Wort auf einem der vielen andren denkbaren Wegen. Das Ziel ist es, genau mit dieser Aussage in die Medien zu kommen.

Leider gibt es auch Medien, die darauf hereinfallen.

Doch dies ist keine Auseinandersetzung mit Themen rund um die AfD, sondern nur ein Springen über ein Stöckchen, das von der AfD hingehalten wurde. Und wenn die AfD die Berichte vorgibt, dann möchte sie damit Ziele erreichen. Es darf nicht Aufgabe von Medien sein, sie dabei zu unterstützen. Selbst die abstruseste Aussage kann von den Parteifunktionären einfach zurückgezogen werden, so dass die Berichterstattung ins Leere läuft. Ihr Ziel hat die AfD trotzdem erreicht, denn sie hatte mal wieder Aufmerksamkeit. Die Veröffentlichung wird so abgefedert, wie es von ihnen vorbereitet wurde und auf diesem Weg bleiben vielleicht auch wieder einige neue Menschen bei der Partei hängen.

Die Medien müssen sich also selbst aussuchen, über was es bei der Partei zu berichten gilt. Das kann ein Parteitag mit seinen Rednern sein oder auch einmal in Blick ins Parteiprogramm. Es kann über Streitereien im Vorstand gehen oder auch Berichte aus den lokalen Gruppen der Partei. Doch es muss über die Partei gehen und darf nicht von der Partei als Köder ausgelegt worden sein, genausowenig wie es um die scheinbare Naivität der Wähler gehen darf.

Und dabei darf natürlich auch nicht zu viel über die Partei berichtet werden. Sie erreicht weniger als jeden fünften Wähler. An dieser Größenordnung sollte sich auch das Ausmaß der Berichterstattung orientieren. Wenn es also fünfzehn Prozent AfD-Wähler gibt sollte auch die Berichterstattung zur AfD etwa fünfzehn Prozent ausmachen. Gemeint sind hier fünfzehn Prozent der Berichterstattung über alle Parteien, nicht fünfzehn Prozent der gesamten Berichte, also auch derer zu anderen Themen. Dies ist ein Grund mehr, nicht dem Lachen über einen Protestwähler oder dem Stöckchensprung hinterher zu laufen, sondern mehr über wirklich relevante Themen zu schreiben.

Neben der Berichterstattung kommt als weiteres Aufgabengebiet für die Medien die Information zu den hier relevanten Themen hinzu. Gemeint ist hier, dass es auch Berichte zu den Themen gibt, die Menschen betreffen, die in unserer Gesellschaft am unteren Ende zu finden sind und ganz offenbar nicht die geringste Chance haben, von dort fortzukommen. Wenn es möglich ist, einen Vierteiler über die Köchin von Friedrich dem Großen zu senden oder eine Echtzeitverfilmung einer Walwanderung von Grönland nach Island zu verfolgen, sollte es doch auch möglich sein, auch einmal etwas über die Zustände in unserer Gesellschaft aufzuzeigen. Gewiss sind die beiden Beispiel überspitzt, doch sie zeigen wie weit manches in der Medienberichterstattung heute von der täglich erlebten Realität entfernt ist. Hier sollte also einmal etwas passieren und dies auch nicht nur als Nische in irgendeinem Nebenprogramm sondern zentral, so dass es auch breite Bevölkerungskreise mitbekommen. Nur dann werden die etablierten Politiker möglicherweise endlich aktiv und ändern etwas. Dies könnte dann tatsächlich dazu führen, dass immer wieder einzelne Protestwähler zurück zur breiten Gesellschaft finden und auch endlich einmal eine Chance in ihrem Leben haben.

Zur Aufgabe der Medien gehört es bei der Versorgung mit Informationen auch dazu, Sachverhalte zu erläutern, bei denen mehr oder weniger große Teile der Bevölkerung nicht durchblicken. Zuvor war beispielsweise hier zu lesen, dass viele bei den Strukturen und Aufgaben der EU nicht durchblicken und dass daraus ein großer Teil des Misstrauens und der Unzufriedenheit über „die da oben" entwuchs. Hier wäre es die Aufgabe der Medien zu erklären, wie das System EU funktioniert. Stattdessen berichtet man nur über die Unzufriedenheit der Bürger über die EU, was diese in ihrer Meinung nur verstärkt und die Menschen letztendlich zu Partien wie der AfD treibt. Ein verantwortungsvoller Journalismus würde aufklären und berichten, aber sich nicht an der Unzufriedenheit ergötzen.

Hier sind natürlich alle Medien gefragt, denn es handelt sich um eine gesamtgesellschaftliche Aufgabe. Doch besonders sind hier natürlich die öffentlich-rechtlichen Medien gefordert. Hier hat man immer mehr den Eindruck, dass es nicht mehr zu den Zielen zu gehören scheint, über gesellschaftlich relevante Themen zu informieren. Lieber eine Serie oder einen Krimi mehr statt Telekolleg scheint die Aufgabe zu lauten. Oder man bevorzugt quotenbringende Sendungen statt trockener Informationen, die man ja im übrigen auch locker aufbereiten könnte. Statt noch einer Sportsendung für das anvisierte Publikum sollte man sich lieber mit den tatsächlichen Problemen in der Gesellschaft beschäftigen. Warum also nicht einmal das System EU in einem Vierteiler zu guter Sendezeit erklären, warum nicht einmal ein Langzeitbericht über die Armut in Deutschland? Wenn das nicht geschieht, sondern stattdessen lieber Unterhaltung geboten wird, werden sich die öffentlich-rechtlichen Sender lang- oder gar mittelfristig selbst die Existenzberechtigung entziehen.

Wie gesehen, können auch die Medien selbst viel gegen diese rechtspopulistische Partei tun. Sie helfen sich selbst damit, da sie nicht Gefahr laufen, selbst beschränkt zu werden. Und gleichzeitig helfen sie auch den Menschen, die sich am unteren Ende der Gesellschaft sehen. Und genau diese Menschen werden dann auch nicht mehr von Lügenpresse reden, sondern den Glauben an die Medien zurückgewinnen.

Was kann die Bevölkerung tun?

Klar ist zunächst mal eins. Wenn gar nichts getan wird, nutzt das nur der AfD. In den vergangenen Kapiteln wurden die diversen Motive beschrieben, wie jemand zum Protestwähler und damit zum Wähler der AfD werden kann. Auch ist klar, dass die Schere zwischen Arm und Reich immer weiter auseinander geht, und im Moment ist nichts zu sehen, dass dies in nächster Zeit anders sein sollte. Demnach wird es also künftig noch mehr arme und zurückgelassene Menschen in unserem Land geben. Und solange man dem nicht entgegenwirkt, werden ein guter Teil davon zur AfD tendieren.

Also muss etwas geschehen, wenn man verhindern will, dass eine rechtspopulistische Partei Einfluss erhält. Was Parteien, Medien und andere tun können, wird in anderen Kapiteln beschrieben. Hier geht es also nun darum, was die normale Bevölkerung tun kann. Sie muss etwas tun, sie kann sich nicht darauf verlassen, dass beispielsweise die Politik etwas tun wird. Die Vergangenheit hat gezeigt, dass diese in großen Teilen nichts tut, oder wenn sie etwas tut, dass es genau das Verkehrte ist.

Also muss man als Bevölkerung selbst ran, wenn man nicht durch Schweigen den Rechten den weiteren Aufstieg ermöglichen will. Das gab es schon einmal, und die Folgen waren fatal.

Nun gibt es hier zwei Arten, wie man sich aktiv gegenüber dieser Bewegung verhalten kann. Man kann mit einzelnen Menschen diskutieren, beziehungsweise ihnen zuhören, oder man zeigt öffentlich, dass man der größere Teil der Bevölkerung ist und nicht an einer rechtspopulistischen Partei interessiert ist, sie sogar für schädlich hält. Zum Diskutieren wird es ein eigenes Kapitel geben, da dies umfassender ist und man nicht nur als normaler Bürger diskutieren kann, sondern auch als Politiker oder als Funktionär beispielsweise einer Gewerkschaft. Hier soll es also darum gehen, dass der größere Teil der Bevölkerung öffentlich zeigt, was er von dieser Protestpartei hält.

Zeigen kann man dies auf zwei Arten. Zuerst geht dies an der Wahlurne, indem man über das Wahlergebnis zeigt, dass die AfD-Getreuen eine Minderheit sind. Das sollte klar sein, auch, dass jeder, der nicht wählen geht, sich mitschuldig macht. Dies sollte also selbstverständlich sein und bedarf hier sicher keiner weiteren Erläuterung mehr.

Die zweite Variante öffentlich zu zeigen, was man von der AfD hält, sind Demonstrationen. Es ist beschämend, dass in Dresden regelmäßig die Anhänger der AfD-nahen Pegida-Bewegung auf die Straße gehen, aber bei den Gegendemonstrationen häufig nur ein Zehntel der rechten Teilnehmer zu zählen sind. Das Verhältnis müsste umgekehrt sein, dann würde es annähernd die Verhältnisse in der öffentlichen Meinung widerspiegeln.

Eine solche Demonstration darf sich nicht gegen die Anhänger der AfD wenden. Klar liest man manchmal die schlimmsten Äußerungen, doch muss man berücksichtigen, dass der Anteil der wirklich unakzeptablen Aussagen nur ein kleiner Teil ist. Geht man also gegen die Anhänger vor, schließt man damit also auch die gemäßigten Protestler mit ein. Und wenn man auch gegen diese vorgeht, werden sie sich noch weiter vom normalen Weg entfernen. Zudem darf man auch nicht immer nur auf das achten, was von den AfD-Anhängern gesagt wird. Sie sind aus Protest gegen die Verhältnisse dorthin gekommen. Sie fühlen sich dort aufgenommen und plappern daher gerne nach, was sie dort hören. Nicht immer deckt sich das hundertprozentig mit der tatsächlichen Meinung des Anhängers. Sie glauben dadurch zu Erfolg kommen zu können und nehmen dafür in Kauf, auch einmal über das Ziel hinausschießen zu dürfen. Wenn es jemand dabei übertreibt, muss man direkt mit ihm reden und ihn darauf hinweisen, falls erforderlich auch über die rechtliche Schiene. Keinesfalls darf man wegen der Äußerung Einzelner gegen alle Anhänger in einer Demonstration vorgehen.

Eine Demonstration muss sich also gegen die Partei richten und zusammen damit auch gegen das Führungspersonal. So bekämpft man nicht die Symptome sondern tatsächlich das, was schädlich ist. Nun könnte man natürlich sagen, dass die AfD ja auch nur ein Symptom ist, da sie dem Protest ja nur ein Zuhause gibt. Doch dass stimmt so nicht, denn das wichtigste Ziel der AfD ist es weniger die

Interessen der Zukurzgekommenen zu vertreten, sondern vielmehr stattdessen ihre eigenen rechten Ziele durchzusetzen. Da ist die Masse der Protestwähler nur Mittel zum Zweck. Aus diesem Grund sind die Partei und diejenigen, die sie nach außen vertreten schon das richtige Ziel, um dagegen zu demonstrieren.

Wichtig ist es bei einer solchen Demonstration also auch, zu zeigen, dass man sich damit gegen die Missstände im Land richtet, die zu dieser Spaltung der Gesellschaft geführt haben, die Armut und das Gefühl des Liegengelasssenseins erst hervorgebracht haben. Nur so sehen viele Anhänger, dass man nicht gegen sie demonstriert, sondern im Gegenteil sogar etwas für ihr Wohlergehen erreichen will.

Es darf natürlich nicht bei nur einer großen Demonstration bleiben. Diese setzt natürlich schon ein sichtbares Zeichen, doch rückt sie irgendwann immer weiter in die Vergangenheit, während Pegida weiter montags demonstrieren und auch Teile von AfD & Co. weiter durchgehend aktiv bleiben. Wenn eine solche Demonstration stattfindet, sollte sie an einem neutralen Ort stattfinden, irgendwo zentral in Deutschland. Keinesfalls darf eine so große Demonstration als Protest gegen eine einzelne Veranstaltung von AfD oder Pegida ausgelegt sein. Dies würde bedeuten, sich von den Rechtspopulisten vorgeben zu lassen, wo man aufzubegehren habe.

Viel wichtiger noch als eine Großdemonstration wären aber viele kleine und dafür regelmäßig Demonstrationen und Veranstaltungen. Diese können tatsächlich auch als Protest gegen eine AfD-Veranstaltung angelegt sein, aber es muss auch Demonstrationen geben, die davon unabhängig sind. Dies kann regelmäßig, aber auch an symbolträchtigen Tagen der Fall sein, zum Beispiel der Tag der Arbeit oder auch Gedenktage zu den Schrecken der rechten Diktatur vor 1945. Wichtig ist, dass man hingeht, dass man zeigt, dass es viele gegen AfD & Co. sind. Wichtig ist auch, dass man sich bewusst ist, dass diese Phase mit Demonstrationen länger dauern kann und man immer wieder hingeht. Schweigen heißt aufgeben und irgendwie auch stillschweigend zu akzeptieren, und das darf nicht sein.

In Deutschland kann prinzipiell jeder eine Demonstration anmelden. Doch bringt dies nicht viel, wenn man nicht sehr bekannt ist. Man kann vielleicht zehn Freunden, die daran interessiert sein könnten, davon erzählen. Diese könnten natürlich weiteren Menschen davon erzählen und so den Kreis vergrößern. Doch hat dann ein so neu Interessierter eine Frage, kann er sie nur über den Zwischenwerber stellen. Dies führt schnell zu Unübersichtlichkeit und Unklarheiten bei wichtigen Dingen. Eine so angemeldete Demonstration wird also nahezu zwangsläufig klein und unbedeutend bleiben.

Gefragt sind also hierfür große Vereine, Institutionen, Kirchen, Gewerkschaften und natürlich Parteien. Auch andere Gruppierungen mit bekannten Menschen sind hier gefordert, zum Beispiel Musiker, Schauspieler und so weiter stehen hier in der Pflicht. Warum nicht einmal ein Spitzentreffen deutscher Musiker mit Bühnenprogramm, um zu zeigen, wie viele Menschen mit der Politik der AfD nicht einverstanden sind?

Wichtig ist also, dass solche Demonstrationen von Gruppierungen veranstaltet werden, die dies auch bewältigen können und auch eine ausreichende Zahl an Teilnehmern auf die Straße bekommen können. Am besten geht dies natürlich, wenn sich möglichst viele dieser Organisationen dazu zusammenschließen. So wird die Teilnehmerzahl auch größer und es braucht niemand über eine Hemmschwelle zu gehen, weil es nicht „seine" Organisation ist, die die Demonstration veranstaltet. Und wie gesagt, ist es ganz wichtig, dass diese Organisationen dann nicht nur einmalig quasi als Alibi zu einer solchen Veranstaltung aufrufen, sondern regelmäßig, damit jeder immer wieder sehen kann, wie die tatsächlichen Mehrheitsverhältnisse in unserem Land sind.

Und wenn man es dann noch schafft, zu zeigen, dass man tatsächlich auch dafür ist, etwas gegen die Ungerechtigkeiten und die Armut im Land zu tun, sollte es sicher so sein, dass auch einige der jetzigen AfD-Protestwähler im Kreis der Demonstranten zu finden sein werden. Und das wäre doppelt wichtig: Die weit rechts stehende Partei würde Gefolgschaft verlieren und die dorthin verirrten Zukurzgekommenen wären wieder auf einen guten Pfad zurückgebracht.

Mit den Protestwählern reden

Nicht nur die Politik, die Medien oder andere Institutionen können etwas machen, sondern auch jeder Einzelne. Und zwar indem man die Wähler einer Protestpartei nicht für dumm hält. Und auch, indem man mit den Menschen redet, die sich zum Protest entschlossen haben und dabei eben bei der AfD gelandet sind.

Ein Satz, den man häufig hören kann, lautet: „Mit uns redet ja sowieso keiner". Man kann diesem Satz nicht widersprechen, denn er drückt die Wahrheit aus. Auch der Eindruck der Dummheit stimmt nicht. Es gibt sogar Akademiker in der Wählerschaft der AfD. Genau hier kann man also ansetzen.

Wer mit der aktuellen Situation unzufrieden ist und sich diesbezüglich äußert, wird dadurch nicht automatisch zum Rechtspopulisten. Mit diesem Begriff kann natürlich die AfD betitelt werden, jedoch sind es viele ihrer Wähler erst einmal von grundauf nicht. Dies sollte man wissen, wenn man sich einem unzufriedenen AfD-Wähler annähert.

Dabei muss auch dort natürlich nicht jedes Gespräch geführt werden. Wenn zu erkennen ist, dass jemand dieses Gespräch nur dazu nutzen will, um Ausländerhass und andere nicht tragbare Äußerungen zu verbreiten, ist es abzubrechen. Das gilt im wahren Leben, aber auch in der Virtualität wie zum Beispiel bei Facebook. Wenn sich jemand dort entsprechend äußert, sollte man das Gespräch sofort abbrechen, um nicht dazu beizutragen, dass solche Inhalte weiterverbreitet werden. Konsequent ist es auch, solche Beiträge soweit wie möglich zu löschen und den Kontakt zu den entsprechenden Personen abzubrechen. Menschen mit diesen Meinungen sind zu isolieren. Vielleicht erkennen sie dann, dass sie sich mit solchen Äußerungen ins Abseits bewegen und sich so endgültig aller Chancen berauben, aus ihrer Situation herauszukommen. Dies gilt natürlich auch für Menschen, die glauben, dass ihnen Beleidigungen oder gar Drohungen erlaubt seien.

Manche von ihnen fühlen sich nicht mehr an gesellschaftliche Regeln wie Respekt oder Benehmen gebunden, da sie sich von dieser Gesellschaft ausgeschlossen und ihr nicht mehr zugehörig fühlen. Hier wird das Reden natürlich schwierig, doch auch hier können wir es eine Weile probieren. Vielleicht erkennt unser Gegenüber ja, dass wir wirklich zuhören und reden wollen und lässt sich auf ein wirkliches Gespräch ein. Denn auch bei diesen Menschen ist es meist so, dass sie eine Chance haben wollen, in diese Gesellschaft zurückzukommen. Und wenn sie merken, dass es jemand ernst meint, ist es durchaus möglich, dass sie sich wieder an Konventionen halten.

Man muss dabei berücksichtigen, dass viele glauben, endlich eine Plattform gefunden zu haben, die sich für sie einsetzt und die etwas für sie tun wird. Wenn man nun Argumente dagegen aus-

spricht, glauben sie, dass man ihnen diese Protest-
möglichkeit wegnehmen will. Entsteht bei ihnen
dieser Eindruck, reagieren sie mit Hass, weil man
in ihren Augen ja mal wieder einer derjenigen zu
sein scheint, die sie ausgrenzen wollen. Man muss
also sehr behutsam vorgehen, ganz ohne jedwede
Verurteilung, will man es zu einem Gespräch kommen lassen.

Wer aus persönlicher Not heraus zum Protestwähler geworden ist, wird auch darüber reden wollen. Das wird in vielen Fällen anfangs schwierig
werden, da die Menschen von dem aufgepeitschten
Hassgerede in den AfD-Gruppen aufgewühlt sind
und der dortige Stil häufig auch bei den einzelnen
Menschen wiederzufinden ist, wenn sie sich außerhalb dieser Gruppen bewegen. Hier muss man ruhig bleiben und versuchen, ein ruhiges Gespräch
zustande zu bringen. Man muss versuchen, auf das
Thema zu kommen, das der eigentliche Grund dafür ist, dass unser Gegenüber unzufrieden ist.
Doch wenn man dies geschafft hat, kann das Gespräch von da an jeden Verlauf nehmen.

Wichtig ist, dass man dem Menschen zuhört,
denn das hat zuvor niemand. Keiner wollte die Geschichte von Armut und dauernder Erfolgs- und
Chancenlosigkeit hören. Auch wenn man konkret
nicht helfen kann, so ist dies für unseren Gesprächspartner dennoch ein erfolgreiches Gespräch, konnte er doch endlich einmal auch außerhalb von seinesgleichen von seinen Problemen reden, und es wurde ihm dabei sogar zugehört.

Manche Menschen werden Angst vor einem solchen Gespräch haben, doch darf uns dies nicht abhalten. Wir müssen ein Stück mit ihnen gehen, so wie man auch ein Kind auf dem Schulweg begleitet. So wie das Kind Vertrauen in die Eltern hat, werden dann die Unzufriedenen auch Vertrauen zu uns finden und bereit sein, zu reden. Dieses Mit-ihnen-Gehen bedeutet vor allem, dass wir ihnen Zeit geben müssen und sie nicht drängen dürfen. Dies zeigt ihnen, dass wir wirklich zuhören wollen.

Wir müssen uns zurücknehmen, wenn unser Gespräch tatsächlich helfen und zum sozialen Frieden beitragen soll. Es gilt nachzufragen statt zu belehren. Auch müssen wir es hinbekommen, einmal etwas vom Gesagten des Gegenübers einfach ohne Widerspruch stehen zu lassen, auch wenn es ganz und gar nicht unserer Meinung entspricht. Nicht jedem Wort ist zu widersprechen. Und wenn dem Gesprächspartner einmal die Gäule durchgehen und er jeden Respekt vermissen lässt, müssen wir ihm weiterhin Respekt zollen. Sonst werden wir unglaubwürdig. Natürlich müssen wir nicht alles durchgehen lassen, doch müssen wir gerade in einem solchen Gespräch darauf achten, uns selbst zurückzunehmen. Es gilt dem Unzufriedenen Raum zu geben, so dass wir die Möglichkeit erhalten, mit ihm nach Hilfe zu suchen, um ihn schlussendlich von den populistischen Demagogen wegzubringen.

Führt man dann mehrere solcher Gespräche, wird man feststellen, dass sich die Geschichten, die man zu hören bekommt, gleichen. Oft sind diese Menschen auf der Strecke geblieben, weil unser stark unternehmensbezogenes System sie nicht oder nicht mehr braucht. Sie haben wirklich keine Chance, egal was sie auch tun. Eine Zeitlang glaubten sie noch an die hoffnungmachenden Aussagen, dass man es nur oft genug probieren müsse, doch nachdem sich nie auch nur der geringste Erfolg einstellen wollte, gaben sie es irgendwann auf. Wenn sie jetzt mit jemand redeten, war das Einzige, das sie zu hören bekamen, dass sie doch selbst Schuld seien, da sie es nicht weiter probieren. Sie sollten doch einfach mit ihren Bemühungen fortfahren. Die Folge war, dass sie sich zurückzogen, teils aus Scham, teils weil sie einfach kein Geld hatten, um irgendwo dabei zu sein. Dann sahen sie die AfD, der sich viele Menschen mit einer ähnlichen Geschichte angeschlossen hatten und sie versuchten es ebenfalls dort.

Soweit kann man die Diskussion gefahrlos treiben lassen und mehr oder weniger einfach zuhören. Immer natürlich vorausgesetzt, dass unser Gegenüber das für ihn plötzliche Im-Mittelpunkt-Stehen nicht ausnutzt, um dumpfe Parolen von sich zu geben. In diesem Falle ist der Diskutant selbstverständlich zu unterbrechen.

Doch haben wir die Diskussion einmal glücklich bis hierhin gebracht, kommt nun der Punkt, an dem auch wir etwas zu sagen haben. Denn nun gilt es klarzumachen, dass man durchaus seine Probleme verstanden hat und ihm auch nicht selbst die Schuld daran gibt. Dass aber unser Gegenüber einen Fehler macht, wenn er sich deswegen der AfD anschließt. Man muss ihm klar machen, dass es natürlich gut ist, wenn man sich mit Menschen zusammenschließt, denen ähnliches widerfahren ist, die einen verstehen und mit denen zusammen man vielleicht auch eine Stimme hat, die laut genug ist, um gehört zu werden.

Offenbar scheint es bei der AfD so zu sein, doch das ist ein falscher Eindruck. Diesen Eindruck hinterlässt die AfD mit voller Absicht, aber nicht um hinter den Menschen zu stehen, sondern um zu vielen Wählern zu kommen. Und diese dadurch guten Wahlergebnisse werden dann nicht im Sinne der Protestwähler genutzt, sondern ausschließlich um die eigentlichen Ziele der AfD durchzusetzen. Und diese Ziele weichen häufig erheblich davon ab, was die Unzufriedenen wollen oder brauchen, führen sogar im Gegenteil noch dazu, dass deren Schicksal sich noch verschlimmert.

Dies gilt es unserem Gesprächspartner klar zu machen und natürlich auch zu belegen. Daher sollte man vor einem solchen Gespräch vorbereitet sein, denn sonst beginnt es sich ab hier im Kreis zu drehen ohne noch weiter voran zu kommen. Dies käme einem Ende gleich ohne dass wir auch nur das Geringste erreicht hätten. Am besten ist es also, wenn man sich vorher mit dem Programm der AfD auseinandergesetzt hat und mit entsprechenden Punkten aufwarten kann, die genau dieses belegen. Auch in diesem Buch ist dazu etwas geschrieben, das man gerne als Diskussionsgrundlage verwenden kann.

Nun sind wir an einem Punkt, an dem unser Gegenüber mit sehr großer Wahrscheinlichkeit fragen wird, wohin er sich denn sonst wenden solle. Es gebe doch sonst keine Stelle, er hätte ja schon Jahre danach gesucht und nichts gefunden. Hier ist dann natürlich ein Punkt erreicht, an dem wir erst einmal nichts Konkretes zu bieten haben. Doch wir können immerhin anbieten, immer wieder darüber zu reden und gemeinsam nach Auswegen zu suchen. Und wir können anbieten, die Probleme der chancenlosen Menschen öffentlich zu machen, natürlich unter Wahrung der Anonymität. Und wenn wir dies versprechen, müssen wir dies natürlich auch machen, in anderen Gesprächen oder auch in der virtuellen Welt der sozialen Netzwerke. Und wenn dies viele Menschen so machen, dann hilft dies unserem Gesprächspartner mit Sicherheit mehr, als der tumbe Hass der Äußerungen in AfD-Kreisen. Denn nun kommen die Stimmen nicht mehr vom rechten Rand, sondern mitten aus der Bevölkerung. Wenn wir dies geschafft haben, wird auch nicht mehr dummer Ausländerhass geschrien, sondern das wahre Leid benannt und die richtigen Forderungen gestellt.

Viele der Probleme, die zuvor beschrieben wurden, existieren schon sehr lange. Manche Missstände begannen schon vor einigen Jahrzehnten. Dies darf man nicht vergessen, wenn man mit den Menschen redet. Es ist für sie nicht ein temporäres Problem, das erst seit kurzer Zeit besteht und das auch schon bald gelöst sein wird. Viele sind schon schon seit vielen Jahren davon betroffen, manche hat es schon ihr ganzes Arbeitsleben begleitet. Es hat sich also lange aufgebaut, was da an Unzufriedenheit und teilweise an Hass existiert. Dies kann man nicht mal eben mit einem Gespräch wegwischen, Das bedarf Zeit, viel Zeit und unser Gespräch ist nur ein kleiner, wenn auch erforderlicher Baustein. Wir dürfen daher nicht glauben, den Gesprächspartner schon nach einer Unterhaltung von den Rechtspopulisten abwenden zu können. Wir müssen sehr viel Geduld hierbei haben.

Was Protestwähler tun können

Nein, hier wird es jetzt nicht darum gehen, dass es uns in unserem Land ja eigentlich gut geht, wenn man nur einmal seinen Blick in manches Ausland wirft. Es soll auch nicht gesagt werden, dass man doch die Hoffnung nicht aufgeben solle, und man dann schon seine Chance bekommen werde. Und auf keinen Fall soll hier gesagt werden, dass man sich doch lieber den etablierten Parteien zuwenden solle, wenn man etwas erreichen will.

All das und noch viele ähnlich tolle, aber sinnlose Vorschläge wird es hier nicht geben. Dennoch gibt es auch bei den Protestwählern selbst einige Dinge, die sie ändern können, um die Chance zu erhöhen, dass es trotz der verfahrenen Situation zu einer Besserung der Lage kommen kann.

Als Protestwähler sollte man nicht vergessen, dass das oberste Ziel ja ist, ein auskömmliches Leben zu haben. Im Moment ist die AfD nicht in der Lage, mit ihren durchschnittlich rund fünfzehn Prozent der Wählerstimmen Entscheidungen zu treffen, die den Weg in eine andere Richtung einschlagen, zumal ja auch niemand mit der Partei koalieren will. Auch ist nicht abzusehen, dass die notwendige Größe mittelfristig erreicht werden kann.

Ändern können also nur die Parteien etwas, die momentan an der Regierung beteiligt sind. Hier gilt es, den Ton diesen Parteien gegenüber zu mäßigen. Ich würde auch niemand, der mich zuvor beleidigt hat, den Weg zum Bahnhof erklären. Natürlich dürfen die Forderungen weiter ausgesprochen werden, natürlich darf weiterhin auf die manchmal aussichtslose Situation hingewiesen werden, und natürlich darf man auch weiterhin sagen, dass man ihnen wegen ihrer Entscheidungen und wegen ihres Verhaltens nicht mehr vertrauen kann, aber dies muss in einem direkten, aber akzeptablen Tonfall geschehen. Beleidigungen und Mobbing haben zu unterbleiben. Nur so kann es ein Aufeinanderzugehen geben. Eine Seite spricht in respektablem Ton ihre Forderungen aus und gibt dadurch der anderen Seite die Möglichkeit, zuzuhören und darauf einzugehen.

Die zweite Forderung an die Protestwähler geht in eine ähnliche Richtung. Es hat zu unterbleiben, dass immer wieder falsche und erfundene Meldungen veröffentlicht und verbreitet werden. Dies führt einzig dazu, dass bestimmte Menschen in eine Ecke gedrängt werden, dies aber überhaupt nicht zu der Erreichung der eigentlichen Ziele beiträgt. Lieber sollte der dafür aufgebrachte Elan dazu verwendet werden, die eigene Lage zu schildern oder berechtigte Forderungen zu formulieren.

Jemand, der laut die altbekannten Medien als Lügenpresse bezeichnet und selbst gefälschte und erfundene Meldungen verbreitet, ist nicht glaubwürdig. Man wird einem solchen Menschen daher auch nicht glauben, dass er in dieser Gesellschaft benachteiligt wird. Und mit jemand, dem man nichts glauben kann, wird man kaum reden wollen und ist auch nicht gewillt, etwas für ihn zu tun.

Und so kommen wir schon zum dritten Punkt. Diese falschen Meldungen werden ja nur verbreitet, weil man damit belegen will, dass es andere gibt, die an der eigenen Misere schuld sind oder auch, dass es Gruppen gibt, denen es vermeintlich besser geht. Doch diese Gruppen, die scheinbar besser behandelt werden, zu diffamieren hilft nichts. Nur das Schildern der eigenen Lebenssituation und das Aussprechen der daraus resultierenden Forderungen hilft hier.

Man stelle sich ein Schachspiel vor, bei dem der unterlegene Spielpartner nach dem Spiel wettert, er hätte nur verloren, weil er einen unbequemen Stuhl gehabt hätte und man seinem Gegner die Getränke freundlicher gereicht hätte. Niemand würde einen solchen Spieler noch ernst nehmen. Beim Schach gibt es Regeln mit denen man zum Erfolg kommen kann, wobei natürlich erlaubt ist und auch zum Erfolg führen kann, Wege jenseits der ausgelatschten Pfade zu beschreiten. Dies gilt auch für unzufriedene Protestwähler.

Wer glaubt, dass die Regeln ungerecht sind, darf natürlich auch dies sagen. Doch auch hier gilt es, dies ohne Beleidigungen und Verunglimpfungen zu tun. Die Regeln, die für ein gutes Miteinander sorgen und so etwas wie Lügen oder Beleidigen nicht akzeptieren, sind also dennoch einzuhalten.

Niemals kann man zum Erfolg kommen, wenn man lügt, beleidigt und Unschuldige diffamiert.

Niemand wird einen ernst nehmen. Doch wer seine Forderungen klar ausspricht und seine eigene Situation klar schildert, kann erwarten, gehört zu werden, was ja schon einmal einen kleinen Erfolg bedeuten würde. Dies gilt besonders, wenn dies alles klar und laut gesagt wird, was sich ja von selbst so ergibt, wenn viele Gleichgesinnte sich so verhalten.

Und schließlich wäre es auch hilfreich, wenn man nicht nur vermeintlich Schuldige angreift, und manchmal sogar beleidigt und diffamiert. Wie wäre es denn, wenn man stattdessen einmal von seinen Problemen erzählt, und das in einem Ton, der es dem Gegenüber auch erlaubt in ein Gespräch zu diesem Thema einzusteigen?

Resümee

Die Zahl der unzufriedenen Menschen wächst, nicht nur in Deutschland, sondern auch in anderen Ländern der westlichen Hemisphäre. In Deutschland wie auch in anderen Ländern haben sich zwei Wirklichkeiten gebildet, in denen die Menschen jeweils vollkommen unter sich leben.

Die Wahlen und Abstimmungen in Großbritannien, den USA und in Ländern wie Österreich, Polen und Ungarn zeigen, dass diese Unzufriedenheit dort schon auf mehr als die Hälfte der Bevölkerung übergegangen ist. Sie ist also keineswegs auf den rund fünfzehnprozentigen Anteil der AfD-Wähler in Deutschland beschränkt. Auch hier kann davon ausgegangen werden, dass ein weitaus größerer Teil der Menschen mit der allgemeinen Situation unzufrieden ist.

Bei Trump und Brexit sagten die Umfragen vorher jeweils ein anderes Ergebnis voraus. Dies lag daran, dass man nicht berücksichtigte, dass die Populisten es schaffen würden, so viele Nichtwähler wieder an die Urnen zu bringen. Es zeigt sich, dass die Ausgrenzung dieses Teils der Bevölkerung so weit fortgeschritten war, dass sie sogar bei den Umfrageinstitutionen nicht mehr entsprechend vorkamen. Die Wähler, die von den aktuellen Parteien nicht eingefangen wurden, wurden eben von den Umfrageinstitutionen einfach nicht mehr erfasst. Trotz der Umfragen haben die Populisten jeweils gewonnen. Dies verstärkt natürlich auch bei den Anhängern der populistischen Bewegungen in anderen Ländern ein Gefühl, dass man trotz aller veröffentlichten Zahlen eine Mehrheit innerhalb der Bevölkerung ist. Und genau dieser Eindruck kann jetzt dazu führen, dass nun noch mehr Nichtwähler zu den Populisten finden werden, weil sie sich nun tatsächlich in der Möglichkeit sehen, dadurch etwas erreichen zu können.

Egal ob Trump, Brexit oder AfD, es sind die gleichen unzufriedenen Wähler. Auch wenn sich die Populisten in Teilen unterscheiden, so haben doch alle Wähler, die wegen ihrer Unzufriedenheit ihre Hoffnung daran hängen, gemeinsame Nöte. Die Populisten muss man bekämpfen, doch die Protestwähler darf man nicht als dumm oder gefährlich einstufen. Sie haben reale Nöte. Man kann also die Partei verurteilen, aber es sind Menschen, die laut aufschreien, weil sie unzufrieden sind. Über alle berechtigte Verurteilung der AfD hinweg, müssen also die Protestwähler, solange sie nur ihre Unzufriedenheit und keinen Rassismus von sich geben, als Menschen angesehen und behandelt werden.

Die etablierten Parteien schauen einfach nur zu. Obwohl es ihnen nicht entgangen sein kann, dass immer mehr Menschen durch den Rost nach unten durchfallen, tun sie nichts. Obwohl immer weniger Vertrauen da ist, versuchen sie nichts daran zu ändern. Sie spüren, dass man sich von ihnen abwendet, doch auch dies scheint sie nicht zu interessieren. Es wird einfach abgewartet und sich dadurch von den Unzufriedenen abgeschottet. Doch wie man heute sieht, schadet dieses Abschotten beiden Seiten.

Wie in anderen Ländern auch hat in Deutschland stattdessen eine populistische Bewegung die Unzufriedenen aufgesammelt. Das Programm dieser Parteien ist stets stramm rechts, und dieses möchten sie auch durchsetzen. Wer sich das Parteiprogramm anschaut, wird nichts mit dem Ziel finden, die Leiden der Unzufriedenen zu lindern. Dennoch schaffen es die Funktionäre, diese Menschen an sich zu ziehen. Die AfD macht also nichts anderes, als die unzufriedenen Menschen einzusammeln, damit sie zu Wählerstimmen kommt. Sie wenden dabei populistische Methoden an. Gerade Unzufriedene, die die Hoffnung schon aufgegeben hatten, sehen in diesen eigentlich leeren Phrasen einen Hoffnungsschimmer, dass sich ihnen scheinbar doch jemand annimmt.

Letztlich werden die Menschen auch von Parteien wie der AfD enttäuscht werden. Doch wenn sie es merken, ist es zu spät, denn bis dahin hatte die AfD zu viel Zeit, die Politik zu beeinflussen. Nicht nur die Unzufriedenen werden dies negativ spüren, sondern auch andere. Minderheiten aller Art werden unterdrückt und auch für den größten Teil der Bevölkerung verschlechtert sich die Situation. Lediglich eine kleine Gruppe rechts oder national eingestellter Personen wird von dieser Politik profitieren.

Die Forderungen der AfD, die in ihrem Programm zu lesen sind, sind schlecht für unser Land mit unserer Geschichte. Sie schließen große Bevölkerungsgruppen aus. Die mündlich geäußerten Aussagen mögen anders klingen, dienen aber nur der Wählerwerbung. Aber die Forderungen und Wünsche der unzufriedenen Menschen und Wähler dieser Partei sind nicht immer schlecht. Gemeint sind die wahren Wünsche, nicht die nachgeplapperten Phrasen der AfD. Hiermit gilt es sich auseinanderzusetzen.

Wenn jetzt nicht gehandelt wird, dann sind die Protestler in baldiger Zeit von den Rechten assimiliert und akzeptieren deren rechte Einstellungen nicht nur, sondern verbreiten sie auch als eigene Meinung. Dann beginnt es wirklich gefährlich zu werden durch das, wohin die Unzufriedenheit führt, denn die Populisten werden dies ausnutzen und die Gefolgschaft mit cleveren Methoden zu einer rechten Gesinnung führen.. Zu warten, bis die jetzigen AfD-Wähler selbst merken, wie sie von dieser Partei benutzt werden, kann für unser Land sehr gefährlich werden und wird uns von einer späteren Generation vorgeworfen werden.

Die Menschen wünschen sich keine Diktatur, sondern eine Lösung ihrer Probleme. Hierfür können nur Parteien und Politiker sorgen, die an der Regierung beteiligt sind. Solange diese aber nicht aktiv werden, wird es Unzufriedene und damit Wähler von Protestparteien geben.

Daher muss man etwas tun, um einen weiteren Anstieg bei der Wählerzahl der rechtspopulistischen AfD zu verhindern. Man darf dabei aber nicht den falschen Weg beschreiten wie es beispielsweise die CSU tut. Sie versucht die Forderungen der AfD zu kopieren und glaubt, dadurch auch zu Stimmen durch die Unzufriedenen zu kommen. Doch dies wird nicht klappen, denn es wird in einem solchen Fall immer das Original gewählt. Außerdem bleibt es hierdurch auch beim eigentlichen Problem, denn den Unzufriedenen wird weiterhin nicht geholfen. Sie bleiben am unteren Rand der Gesellschaft und haben weiterhin Grund, Protestwähler zu sein.

Stattdessen muss man mit den Wählern der Partei reden. Dabei dürfen diese Gespräche natürlich nicht mit dem Teil der Wähler stattfinden, dem es ausschließlich darum geht, ihre rechte Gesinnung hinauszuposaunen. Hass und Gewalt und auch der Aufruf dazu beziehungsweise deren Rechtfertigung sind bedingungslos abzulehnen. Nur die reinen Protestgründe sind zu hören.

Dann darf es nicht beim Anhören bleiben, es muss auch etwas geschehen. Und dabei darf es nicht nur bei symbolischen Aktionen bleiben. Es muss sich grundlegend etwas ändern, und für die Menschen muss dauerhaft etwas getan werden. Allein der Nachholbedarf ist inzwischen schon enorm.

Wenn man als Partei nur darauf aus ist, viele Wählerstimmen zu bekommen und das eigentliche

Wahlprogramm dabei in den Hintergrund rücken lässt, sollte man dies spätestens dann überdenken, wenn eine ausländerfeindliche und nationalkonservative Partei hierbei mehr Erfolg aufweisen kann.

Nur so können diesen Menschen wieder Chancen eingeräumt werden. Nur so werden sie sich auch wieder in unser System integrieren wollen. Nur so werden sie nicht mehr eine Protestpartei wie die rechte AfD wählen wollen.

Es gilt jetzt damit loszulegen. Es ist höchste Zeit. Sonst ist es womöglich bald zu spät. Das „Weiter so" muss ein Ende haben. Es muss endlich etwas geschehen.

FSC
www.fsc.org
MIX
Papier aus ver-
antwortungsvollen
Quellen
Paper from
responsible sources
FSC® C105338